세상에 대하여
우리가
세
더잘 알아야 할
교양

59

지은이 소개

지은이 **위문숙**

건국대학교 사학과를 졸업하고 같은 학교 대학원에서 서양사를 공부했습니다. 지구촌 곳곳의 좋은 책을 기획하고 번역하며 세상에 대한 관심을 키워 나갔습니다. 내 아이들이 살아가는 곳을 객관적으로 알리고 싶어서 글쓰기를 시작했습니다. 세더잘 49 《아프리카 원조, 어떻게 해야 지속가능해질까?》와 세더잘 54 《4차 산업혁명, 어떻게 변화되어야 할까?》를 집필했고, 《지구》 《망고 한 조각》 《빌랄의 거짓말》 《파라노이드 파크》 《이상한 조류학자의 어쿠스틱 여행기》 《랭고》 《상식이 두루두루》 등을 우리말로 옮겼습니다.

세상에 대하여
우리가
더잘 알아야 할
교양

위문숙 지음

59

윤리적 소비,
윤리적 소비와 합리적 소비, 우리의 선택은?

내인생의책

차례

※ 본문의 **굵은 글씨**로 표시된 단어는 113페이지 용어 설명에서 찾아보세요.

들어가며: 윤리적 소비가 필요한 이유

윤리적 소비란 양심적으로 만든 물건과 서비스를 구매하는 행위입니다. 생명과 인권, 동물, 환경, 공동체를 배려하며 소비를 한다는 뜻이지요. 반면에 인간을 착취하거나 동물을 학대하거나 환경을 파괴하는 제품에 돈을 지불한다면 비윤리적 소비가 됩니다. 현대인들은 자신도 모르게 비윤리적인 소비를 할 때가 많습니다. 누군가는 축구공을 손에 든 채 고개를 갸웃거릴지도 모릅니다. "이런 축구공을 산 것이 비윤리적 소비라고?" 그렇지만 가난한 나라의 어린이가 돈 몇 푼을 받고 하루 종일 쪼그린 채 그 축구공을 만들었다면 이야기는 달라지겠지요.

아프리카의 농부들은 커피 농장에서 녹초가 되도록 일해 봤자 배를 곯기 일쑤입니다. 아시아의 소녀들은 의류 공장에서 종일 바느질한 대가로 달랑 한 끼 밥값을 손에 쥡니다. 우리는 아프리카와 아시아의 가난한 삶과 아무런 상관이 없을까요? 그렇지 않습니다. 다국적기업은 제3세계의 노동력을 값싸게 이용하여 커피나 축구공이나 옷을 만든 뒤 세계 곳곳에서 판매합니다. 따라서 소비자가 다국적기업의 물건을 구입하게 되면 가난한 나라의 노동자의 착취에 동참하는 꼴이 될 수밖에 없습니다. 우리와 가난한 나라의 노동자 사이에 다국적기업이라는 다리가 놓여있는 셈입니다.

우리가 의도하지 않은 비윤리적 소비는 축구공이나 커피나 의류에서 그치지 않습니다. 너도나도 손에 쥐고 있는 스마트폰 역시 비윤리적 소비에 해당합니다. 2016년 1월에 국제엠네스티가 발표한 아프리카 콩고 코발트 광산의 아동노동 실태 보고서는 전 세계를 충격에 빠트렸습니다. 은회색으로 빛나는 코발트는 스마트폰이나 노트북 등 전자 기기에 빠져서는 안 될 광물입니다. 코발트의 수요가 늘어나자 많은 사람들이 일자리를 찾아 콩고 광산으로 모여들었는데요. 개중에는 어린아이들이 많았습니다. 심지어 예닐곱 살의 아이들까지 코발트가 섞인 자갈을 줍거나 무거운 돌 자루를 운반했습니다. 그리고 하루 종일 일한 대가로 고작 1, 2천 원에 불과한 돈을 받았답니다. 콩고 코발트 광산은 아동노동 착취의 현장이었습니다. 심각한 문제는 그뿐만이 아니었습니다. 코발트에 오랫동안 노출되면 중금속 폐질환이나 천식을 앓게 됩니다. 그런데도 아이들은 별다른 안전 장비 없이 하루 종일 광부처럼 일을 하느라 시름시름 병들어갔습니다. 국제엠네스티는 불법 아동노동의 최종 소비자인 삼성이나 엘지, 애플 등 다국적기업이 사회적 책임을 져야한다고 주장합니다.

최근의 아동노동 조사에 따르면 전 세계 아동 노동자는 약 1억 3,400만 명이라고 합니다. 전 세계 아동 열 명 중 한 명은 아동 노동자입니다. 게다가 가혹한 노동으로 목숨을 잃는 아이들은 하루에 60여 명에 이른다고 합니다. 현대의 소비자들은 물건을 구입할 때 그런 비참한 사실을 제대로 알지 못합니다. 수많은 기업과 영리단체가 비윤리적인 면을 쉬쉬하기 때문이지요.

기업과 영리단체의 착취가 힘없고 가난한 아동을 상대로만 이뤄지는 것은 아닙니다. 말 못하는 동물에 대한 착취와 학대는 더욱 심각합니다. 벨루가라고 불리는 흰고래는 북극해와 그린란드 부근에서 서식하는데 멸종 위기 동물로 개체 수가 급격히 줄어들고 있습니다. 그런데도 러시아 정부는 벨루가 무리를 해변으로 유인하여 인정사정없이 잡아들입니다. 어린 벨루가를 외국의 수족관이나 해양 테마파크에 팔아넘기기 위해서지요. 우리나라의 롯데월드 역시 러시아에서 세 마리의 벨루가를 수입했습니다. 가장 어린 벨루가는 두 살짜리였는데 이름이 벨로였습니다. 생후 20개월까지 엄마의 젖을 먹는 벨루가의 습성에 비춰보면 벨로는 엄마 젖도 떼지 못한 아기였습니다. 몇 년 지나지 않아 벨로는 다섯 살의 나이로 숨을 거뒀습니다. 벨로는 왜 그렇게 빨리 세상을 떠났을까요? 벨루가는 드넓은 바다에서 자유롭게 지낼 경우 50년 넘게 살아갑니다. 반면에 수족관에서는 금세 더러워지는 물 때문에 30년을 버티기도 어렵습니다. 그러니 벨로처럼 어린 벨루가는 면역성이 약해 수족관에서 더더욱 목숨을 잃기 십상입니다

　그렇다면 살아남은 두 마리의 벨루가는 롯데월드에서 잘 지낼까요? 벨루가는 특성상 수십 마리가 떼를 지은 채 2,000킬로미터 넘는 거리를 자유롭게 헤엄치거나 수심 20미터 아래에서 즐겁게 돌아다닙니다. 그런 벨루가를 7.5미터 원통형 수조에 가둬놓았으니 답답하고 지루할 수밖에 없습니다. 오랫동안 감금된 벨루가들 중에서는 스트레스를 이기지 못해 제자리에서 빙글빙글 돌거나 무기력하게 떠있는 등 정형행동을 보이는 경우도 종종 있습니다. 수족관의 관람객들은 벨루가의 귀여운 얼굴과 웃는 표정 뒤에 그런 고통이 숨어있는 줄은 상상도 못 하겠지요.

지금도 롯데월드 아쿠아리움에 가면 두 마리의 벨루가를 볼 수 있습니다. 아이들은 웃음 짓는 벨루가를 향해 박수를 치고 환호성을 지릅니다. 그러나 엄마 품에서 납치되어 외롭게 죽어간 벨로의 이야기를 듣는 순간 슬퍼하며 박수를 멈출 것입니다. 즐겁게 축구공을 차던 아이들도 가난한 나라의 친구가 그 축구공을 만드느라 얼마나 힘들었는지 알게 되면 웃음을 그치겠지요. 벨루가를 보며 박수 친 아이들과 축구공을 차며 즐거워한 아이들은 잘못이 없습니다. 비난을 받아야할 대상은 어미에게서 새끼를 잔혹하게 떼어내거나 어린이에게 축구공을 만들라고 시킨 영리단체와 기업입니다.

기업의 목적은 돈벌이입니다. 그러다 보니 수많은 기업이 돈을 벌기 위해서 인간을 착취하고 동물을 학대하고 환경을 파괴하고 생명을 경시합니다. 윤리적 소비는 그런 기업에게 경종을 울리는 행동입니다. 아동의 노동으로 만든 축구공을 구입하지 않기. 돌고래 관람 쇼 티켓을 구매하지 않기. 열대 우림을 훼손하는 기업의 제품 구매를 거부하기. 오늘날 사람들이 윤리적 소비를 실천하는 방식입니다.

윤리적 소비는 무엇인가?

오랫동안 사람들은 합리적 소비를 최우선으로 삼았습니다. 돈을 가치 있게 쓰려면 가급적 좋은 물건을 싼 값에 구매해야 한다고 생각했지요. 기업은 그런 소비자의 심리를 겨냥하여 최소한의 비용으로 최대한의 만족이라는 구호를 내세웠습니다. 그리고 노동자를 착취하고 환경을 망가뜨렸습니다. 기업의 추악한 행태가 서서히 드러나면서 소비자들은 윤리적 소비의 필요성을 깨달았습니다.

현대인은 소비사회에 살고 있습니다. 어떤 물건을 사

고 어떤 서비스를 이용할지 하루에도 몇 번씩 선택하게 됩니다. 대체로 소비자들의 손이 향하는 곳은 대기업 상표가 붙은 제품입니다. 대대적인 광고로 인해 제품이 친숙한 데다 포장 역시 눈을 사로잡기 때문이지요. 과연 대기업의 상표를 달고 있는 제품은 아무 문제가 없을까요? 대다수 기업들은 이윤을 남기려고 눈에 불을 밝힙니다. 어떻게든 적은 투자로 높은 수익을 얻어야 하므로 수단과 방법을 가리지 않습니다. 그 과정에서 노동자나 환경, 소비자의 권익 같은 것은 후순위로 밀려날 수밖에 없습니다. 윤리적 소비는 기업과 영리단체가 착취하고 파괴하는 생명과 자연을 지키려는 운동입니다.

비윤리적인 바나나

지구상에서 흔히 볼 수 있는 바나나는 전 세계인에게 아주 중요한 식품입니다. 싸고 맛있으며 영양가도 많기 때문이지요. 뿐만 아니라 껍질을 쉽게 벗길 수 있으므로 편리함을 추구하는 현대인에게 제격인 과일입니다. 오늘

거대한 규모의 바나나 농장에서는 농약을 비행 물체를 이용하여 공중에서 살포한다.

날 전 세계 매해 소비하는 바나나는 1억 톤으로 무려 4억 명 이상이 바나나를 주식으로 삼는다고 합니다. 이처럼 어마어마하게 많은 바나나를 누가 생산할까요? 놀랍게도 다섯 개의 **다국적기업**이 전 세계 바나나 시장의 80퍼센트를 생산하고 있습니다. 문제는 다국적기업이 비윤리적인 방법으로 바나나를 생산한다는 것입니다.

　우선 다국적기업은 상품 가치가 높은 바나나를 수확하기 위해 어마어마한 양의 농약과 살충제를 뿌립니다. 대규모 바나나 농장에 소비하는 농약의 양은 일반적인 농장에 비해 열 배나 많다는 군요. 이렇게 살포된 농약은 환경을 파괴합니다. 예를 들어 코스타리카의 바나나 농장에서는 농약이 바다로 흘러들어 산호초를 망가뜨렸습니다. 그런 바나나를 구입한 소비자 역시 농약으로부터 안전할 리가 없습니다. 특히 바나나 농장의 노동자가 농약으로 인해 겪는 피해는 심각합니다. 백혈병이나 불임에 걸릴 확률이 높으며 기형아의 출산율도 무척 높습니다. 이처럼 비윤리적으로 생산한 바나나는 사람과 자연을 고통에 빠트립니다.

바나나의 생산원가

바나나의 생산원가를 살펴보면 다국적기업이 얼마나 탐욕스러운지 드러납니다. 동네의 마트에서는 먹음직한 바나나 한 송이를 3,000원에 살 수 있습니다. 판매 가격인 3,000원에서 바나나 농장의 노동자에게 돌아가는 돈은 얼마일까요? 바나나는 배송 비용이 생산원가보다 훨씬 비쌉니다. 배보다 배꼽이 더 큰 경우이지요. 세척하고, 포장하고, 운송하고, 세관을 통과하고, 매장에 진열되기까지 각 단계마다 비용이 계속 추가되기 때문입니다. 몇 년 전 공정 무역 단체가 일반 슈퍼마켓에서 팔리는 바나나 값을 따져보았습니다. 소매상 30퍼센트에 도매상 12퍼센트, 관세 12퍼센트, 운송업자 23퍼센트, 농장주 20퍼센트를 가져가다 보니 노동자의 몫은 4퍼센트에 불과했습니다. 3,000원짜리 바나나를 팔면 노동자에게 120원이 돌아가는 꼴입니다. 몇 년 사이에 공산품의 가격은 치솟았지만 바나나의 값은 상대적으로 저렴합니다. 그 이유는 무엇일까요? 터무니없이 낮은 임금을 받고 일하는 노동자들이 존재하기 때문입니다. 노동자들은 열악한 환경에서 하루에 열네 시간 이상을 일하면서도 초과 수당을 신뜻 요구하지 못합니다. 자칫하면 해고당하기 십상이므로 농장의 지시에 고분고분 따를 수밖에 없지요. 다국적기업이 전 세계의 바나나 시장을 쥐락펴락하고 있어 바나나 노동자는 그만한 푼돈이라도 받으려면 가만히 있어야 한다고 생각합니다.

공정 무역 바나나

공정 무역 바나나는 다국적기업의 비윤리적 바나나와 다릅니다. 공정 무역 바나나를 재배하는 농장에서는 노동자 착취나 불법 아동노동이나 지나

친 농약 사용을 찾아볼 수 없으니까요. 그런 기준을 지키지 못하면 공정 무역 바나나 인증을 받지 못합니다. 따라서 공정 무역 바나나는 노동자와 소비자와 환경을 모두 행복하게 만드는 착한 바나나입니다. 물론 다국적기업의 바나나보다 상대적으로 비싸지만 공정 무역 바나나를 찾는 소비자들은 꾸준히 늘어나고 있습니다.

세계 최대 공정 무역 바나나 수출 기업인 아그로페어는 바나나 150송이가 들어있는 상자 600만 개를 해마다 프랑스와 독일, 스위스, 한국 등에 수출합니다. 아그로페어의 공정 무역 바나나를 생산하는 농장은 페루와 에콰도르, 파나마 등 여섯 개의 나라에 있습니다. 그곳 노동자들은 예전보다 여덟 배 많은 수익을 올리며 가족까지 의료 혜택을 받고 있습니다. 공정 무역 바나나는 유럽에서 특히 인기가 높습니다. 영국은 런던올림픽 기간에 선수들이 먹을 바나나 1,000만 개를 모두 공정 무역 바나나로 제공했습니다. 또한 영국의 몇몇 슈퍼마켓에서는 공정 무역 바나나만 취급합니다. 특히 스위스는 마트에서 판매하는 바나나 중 절반 이상이 공정 무역 바나나입니다.

합리적 소비에서 윤리적 소비로

멋진 카펫과 영양이 풍부한 달걀을 헐값에 사면 합리적 소비이겠지요. 그런데 아동의 노동을 착취한 카펫과 좁은 닭장에서 닭이 생산한 달걀을 구입한 것이라면 윤리적 소비가 아닙니다. 소비자가 그런 물건을 자주 구입할 경우 인간의 권리는 무시당하고 동물은 불행해지며 환경은 파괴되니까요. 반면에 친환경 세제와 공정 무역 설탕을 이용하게 되면 **지구온난화**는 줄어들고 노동자는 상대적으로 행복해지겠지요. 소비자들이 윤리적 제품만을 선택한다면 기업은 인간과 동물과 환경을 배려하는 상품을 만들 수밖에 없어요. 소비자들이 비윤리적 제품을 아예 구매하지 않는다면 말입니다.

윤리적 소비의 출발점

17세기부터 서인도제도의 섬들과 브라질 등지에서 사탕수수 재배를 시작했습니다. 사탕수수 재배는 많은 노동력이 필요하므로 유럽 각국은 아프리카의 흑인들을 사탕수수 농장에 노예로 공급했지요. 얼마 뒤 설탕의 공급이 늘어나자 유럽 곳곳은 기호품이었던 설탕이 필수품처럼 자리 잡게 되었습니다. 그런데 노예 무역선의 참상과 끔찍한 학대가 영국 사회에 알려지기 시작하면서 퀘이커 교도 등 종교 단체에서 노예무역을 반대하고 나섰습니다. 그리고 어떤 학자는 설탕을 섭취하는 일은 인간이 인간을 잡아먹는 행위나 마찬가지라고 주장했지요. 실제로 많은 흑인이 사탕수수 재배 노역에 끌려가 목숨을 잃어버렸기 때문이지요. 각 가정의 여성들도 노예들이 만든 설탕을 먹지 말자는 운동에 참여했어요. 당시 설탕거부운동을 펼치는 여성들은 사회적인 미덕을 갖추었다고 평가받았답니다. 1791년부터 2년 동안 수십만 명의 영국인이 서인도제도 노예들의 노동으로 만든 설탕을 거부했으며 영국

전문가 의견

설탕 1파운드를 소비할 때마다 사람의 살 2온스를 먹는 것이나 마찬가지다.

– 윌리엄 폭스 18세기 영국의 사회평론가

▌ 아프리카 흑인들은 노예 무역선에서 족쇄를 차고 두세 달에 이르는 항해를 견뎌야 했다.

전체 가구의 90퍼센트가 설탕을 절제하는 데에 동참했어요. 영국의 설탕거
부운동은 윤리적 소비의 역사적 출발점이었지요.

협동조합운동

1840년대에 영국에서는 소금이나 양초나 밀가루 등 생필품이 부족하여
가격이 불안정했습니다. 상인들은 흙이 섞인 밀가루나 상한 치즈를 노동자
들에게 팔았지요. 이런 부당한 상황을 개선하고자 랭커셔의 로치데일 방적
공장 노동자 28명이 돈을 모아 품질이 좋은 밀가루와 버터와 설탕 등을 공
동 구매한 뒤 여러 노동자들에게 비교적 저렴한 가격으로 팔았습니다. 세계
최초의 소비자 협동조합인 공정선구자조합이었지요. 조합원들은 판매 수
익금으로 식료품이나 생필품을 생산하는 농장과 공장에 투자했습니다. 1

년 후 사업은 큰 성공을 거두어 조합원이 74명으로 늘어났고 약 20년 뒤에는 3,450명의 조합원과 여섯 개의 상점을 확보했습니다.

공정선구자조합은 조합원의 이익만 추구하지는 않았어요. 미국에서 **남북 전쟁**이 일어났을 때 영국 랭커셔의 방적 공장들은 문을 닫아야만 했어요. 노예제도를 반대하는 북군이 해안을 막는 바람에 남부에서 면화를 들여올 방법이 없었거든요. 공정선구자조합의 조합원들도 일자리를 잃게 되었지요.

사례탐구 조선의 협동조합

1919년 독립 만세 운동 이후 조선의 민중 사이에서 자발적으로 협동조합 운동이 일어났다. 정치적 자립만큼 경제적 자립도 중요하다는 의식이 생겨났기 때문이다. 1920년에 최초의 자발적 협동조합인 경성소비조합이 설립되었고 그 뒤를 이어 목포소비조합과 농민공생조합 등이 하나둘 생겨났다. 독립운동의 한 형태로 등장한 협동조합 운동은 조선 민중에게 희망을 주었다. 특히 천도교에서 조직한 농민공생조합은 농작물을 판매해주거나 생필품을 저렴하게 공급하여 농민들의 버팀목이 되어주었다. 농민공생조합이 국산품 장려 운동으로 고무신 공장을 만들어 조합원들에게 고무신을 판매했을 때는 일본의 3대 재벌이던 미쓰이 물산마저 긴장할 수밖에 없었다. 1930년대에 큰 흉년이 닥치자 농민공생조합은 만주의 좁쌀을 저렴하게 공급하여 많은 조합원들을 굶주림에서 구했다. 조선의 협동조합은 나날이 발전하여 약 1,000여개로 늘어났고 조합원 수가 15만 명에 이르렀다. 그러나 1937년 총독부에서 협동조합을 폐쇄하라는 명령이 떨어지면서 협동조합 운동은 힘을 잃었다.

조합원들은 생계가 어려워졌지만 노예제도를 찬성하는 남부의 편을 들 수는 없었답니다. 그래서 북군의 링컨 대통령을 지지한다는 편지를 공개적으로 낭독하고 미국 대사에게 전달했습니다.

윤리적 소비라는 개념이 아직 등장하지 않았으나 바람직한 소비자 운동은 서서히 진행되었습니다. 공정선구자조합의 등장으로 시작된 협동조합은 프랑스와 이탈리아에서 노동자 중심의 협동조합으로 전개되었고 독일에서는 신용협동조합의 형태로 발전했습니다. 특히 북미에서는 소비자 협동조합이 빠르게 확산되었는데 자본가나 생산자에 비해 힘이 없는 소비자들의 단결을 끌어냈다는 데 큰 의의가 있었지요.

윤리적 소비의 발전

1900년대 중반에 거대한 기업들은 **제3세계**의 자원과 노동력으로 값싼 제품을 만들어 자기 나라에 팔았습니다. 부유한 나라 아동은 제3세계 아동의 노동 덕분에 멋진 운동화와 맛있는 초콜릿을 손에 쥘 수 있었지요. 미국 이

전문가 의견

우리는 이미 어떤 식으로든 가난한 나라의 사람들과 연결되어 있다. 우리가 신경 쓰지 않는다면 기업가들과 정치인들은 빈곤에 허덕이는 사람들을 더 가혹하게 대할 것이다.

— 콜린 퍼스 공정 무역 활동가이자 영국 배우

The Dream   The Reality

World Day Against Child Labour

■ '세계 아동노동 반대의 날'의 포스터.

나 유럽의 풍요로운 생활은 저개발 국가의 노동력 착취와 자연 환경 파괴를 바탕으로 이뤄진 셈입니다. 그 결과 아프리카나 아시아의 저개발 국가는 빈곤의 굴레에서 벗어나지 못했습니다. 선진국에서 선심을 쓰듯 아프리카나 아시아에 원조를 제공하자 유엔은 '원조 대신 무역을'이라는 구호를 외쳤답니다. 농부나 노동자에게 정당한 대가를 지불하기만 해도 그들의 삶이 나아진다는 사실을 강조한 것이지요. 그 이후로 저개발 국가에서 만든 공예품과 홍차, 면화 등을 공정하게 구입하여 판매하자는 공정 무역 운동의 바람이 불었습니다.

한편 산업이 발전하면서 노동 착취에 이어 지구온난화와 같은 환경오염까지 문제로 떠올랐어요. 1970년대 이후에는 노동 착취뿐만 아니라 동물 학대와 환경 파괴에 관련된 제품을 거부하는 시민운동이 미국이나 영국을 중

▌윤리적 소비는 지구에 사는 모든
생명체를 위한 소비이다.

심으로 펼쳐졌지요. 1980년대 후반에는 인권과 동물과 자연을 보호하는 상
품의 구매 행위를 가리켜 윤리적 소비라고 부르기 시작했어요. 아무리 값이
싸고 품질이 좋아도 양심에 어긋나는 상품은 구입하지 말자는 소비자 운동
이었지요.

윤리적 소비의 기준

마트에 갔더니 다양한 초콜릿이 눈을 사로잡습니다. 달콤하고 쌉쌀한 초
콜릿을 좋아하는 사람들이 참 많은데요. 과연 초콜릿을 사 먹는 것은 윤리
적 소비에 적합할까요? 윤리적 소비의 판단 기준은 다섯 가지입니다. 먼저
우리 몸에 해로운 항생제나 오염 물질이 들어있지는 않는가? 만드는 과정
에서 인권을 침해한 경우는 없는가? 식품의 안정성을 위해 동물실험을 실시
하지는 않는가? 혹시 환경을 파괴하거나 더럽힌 적은 없는가? 그리고 공동

체에 갈등과 문제를 일으키지는 않는가? 따라서 생명이나 인권, 동물, 환경, 공동체를 배려하면서 제작한 초콜릿을 구입한다면 윤리적 소비에 해당하겠지요.

- 윤리적 소비는 기업이 착취하고 파괴하는 생명과 자연을 보호하려는 운동이다.
- 바나나 판매가의 4퍼센트만 바나나 농장의 노동자에게 돌아간다.
- 착한 바나나는 대기업의 바나나보다 비싸지만 살충제를 적게 뿌리고 노동자에게 정당한 대가를 지불한다.
- 윤리적 소비의 출발점은 영국의 설탕거부운동으로 거슬러 올라간다.
- 영국의 로치데일에서 최초의 협동조합인 공정선구자조합이 조직되어 윤리적 소비를 확산시켰다.
- 1900년대 중반에 제3세계의 농부나 노동자에게 정당한 대가를 지불하자는 공정 무역 운동이 시작되었다. 1970년대 이후에는 인간뿐만 아니라 동물과 환경을 보호하자는 운동이 뒤를 이었다. 1980년대 후반에 환경과 사회에 책임 있는 제품을 구입하는 행위를 가리켜 윤리적 소비라고 부르기 시작했다.

2

CHAPTER

생명을 위한 윤리적 소비

우리 식탁에 낯선 식품이 올라오고 있습니다. 지구 반대편에서 건너온 과일과 생선과 육류의 섭취가 점차 늘어나는 추세입니다. 그뿐만이 아닙니다. 유전자재조합을 적용한 식품도 하나둘씩 등장하여 논란을 일으키고 있습니다. 특히 기업에서 판매하는 식품 중에는 우리 고장에서 자란 농작물이나 수산물이 거의 없습니다. 오늘날 우리가 사 먹는 식품은 과연 우리 몸에 안전할까요?

사람은 생명을 유지하려면 먹어야 합니다. 따라서 좋은 먹거리는 사람에게 무엇보다 중요하겠지요. 사람의 몸에 가장 좋은 먹거리는 무엇일까요? 각자 태어나고 자란 고장의 농수산물이라고 합니다. 그런데 몇십 년 전부터 우리의 먹거리가 달라지고 있습니다. 예전에 이 땅의 농부와 어부가 우리의 밥상을 책임졌다면 이제는 기업에서 만든 식품이 우리의 식탁을 책임지고 있다고 할 수 있습니다. 기업이 식품 산업에 손을 뻗고 마트가 곳곳에 들어서면서 우리의 먹거리에 변화가 일어난 것이지요. 그런데 기업이 판매하는 식품의 원산지나 성분을 살펴본 적이 있나요? 어디에 있는지도 모를 만큼 낯선 나라에서 왔거니 알지도 못하는 첨가물이 엄청나게 들어있는 경우가 많습니다. 그러다 보니 소비자들은 의심스러울 수밖에 없습니다. 기업이 만든 식품은 우리의 생명과 건강을 좌우할 텐데. 과연 믿고 먹어도 될까요?

수입 밀

아침 점심 저녁으로 토스트와 햄버거와 라면을 먹었나요? 그렇다면 삼시 세끼를 외국산 식품으로 해결했을 가능성이 크군요. 우리나라는 빵이나 면의 원료인 밀을 거의 다 외국에서 수입하거든요. 2015년 농림축산식품부에 따르면 우리나라의 밀 수입량은 245만 톤으로 국내 생산량인 2만 톤에 비하면 100배 이상 차이가 납니다. 따라서 우리가 소비하는 밀은 주로 외국산입니다. 터키나 캐나다, 호주, 미국에서 수입해 오는데 특히 미국과 호주에서 90퍼센트 이상을 들여옵니다.

그런데 수입 밀에 대한 우려의 목소리가 점점 커지고 있습니다. 건강에 해롭다는 것이 가장 큰 이유지요. 예를 들어 미국의 수출용 밀은 포장도 하지 않은 채 한 달 넘게 선박에 실려 운송 될 때도 있습니다. 적도를 지나가게 되면 햇볕 때문에 선박의 바닥까지 뜨거워지므로 밀에 싹이 나거나 벌레가 꼬이기 십상입니다. 그러니 밀을 먼 나라까지 수출하려면 살충제와 살균제와 방부제를 뿌리지 않을 수 없습니다. 미국에서는 자국에서 소비하는 밀과 달

▌ 미국의 밀밭.

국정감사 자료의 수입 밀 농약 살포 내역을 보면 미국산 15종과 호주산 12종, 캐나다산 9종의 농약이 신고되어 있다. 식약청은 잔류 농약 허용치라는 기준을 세워놓고 그 이하면 적합 판정을 내린다. 농약이 묻어있어도 정해놓은 수치보다 낮으면 괜찮다는 뜻이다. 일본에서는 시민 단체가 수입 밀이 얼마나 해로운지 실험을 했다. 농약 성분인 페니트로치온이 0.5ppm 검출된 호주산 밀과 농약이 검출되지 않은 일본 국내산 밀에 바구미를 각각 70마리씩 넣어본 것이다. 사흘 뒤, 호주산 밀에 넣었던 바구미는 모두 죽었다. 우리나라의 경우 수입 밀의 페니트로치온 허용 기준치는 6ppm이하이다. 0.5ppm 검출된 호주산 밀에 비하면 12배나 높은 수치다.

리 수출용 밀에는 21가지 농약을 써도 된다고 법으로 허용했습니다.

마트나 제과점에서 파는 빵을 한번 떠올려보세요. 일주일이 지나도록 곰팡이나 벌레가 생기지 않는 이유는 무엇일까요? 살균제와 방부제 때문입니다. 1993년 목포와 부산에 들어온 미국과 호주산 수입 밀에서 농약이 허용 기준치보다 132배 이상 검출되었어요. 한마디로 농약에 찌든 수입 밀이었지요. 그 이후로는 수입 밀에서 잔류 농약 허용치를 넘는 농약은 검출되지 않았다고 합니다. 그렇다고 해서 수입 밀이 안전한 식품일까요? 밀에 뿌리는 농약은 공중으로 빨리 날아가서 잔류 농약 검출이 쉽지 않습니다. 게다가 잔류 기준 허용치의 농약을 날마다 먹는 것은 괜찮을지도 의문입니다. 소비자들은 수입 밀의 문제점에 주목하기 시작했습니다.

우리 밀

우리나라에도 전통적인 우리 밀이 있습니다. 다른 밀보다 키가 작아 앉은 뱅이 밀이라고 불립니다. 예전에는 정부가 농민들이 수확한 밀을 사들여 사람들에게 조금씩 되팔았습니다. 이것을 수매라고 하지요. 1948년에 정부가 밀 수매를 포기하면서 우리나라의 밀 생산량은 눈에 띄게 줄어들었습니다.

그런데 수입 밀의 문제점을 알게 된 소비자들이 우리 밀을 찾기 시작했습니다. 우리 밀은 늦가을에 씨를 뿌리면 봄에 다 자랍니다. 병충해가 들끓기 전인 초여름에 수확을 하는 것이지요. 따라서 농약을 칠 필요도 없으며 유통 과정도 짧습니다. 게다가 우리 밀에는 병을 이기게 하거나 노화를 막아주는 등 좋은 영양 성분이 수입 밀보다 훨씬 많답니다.

1991년에 우리밀살리기운동본부가 설립되어 전국 65개 마을 25만 평에서 우리 밀을 본격적으로 생산하기 시작했습니다. 2016년 기준 우리나라의 밀 자급률은 2퍼센트까지 올랐습니다. 품목도 다양해져서 빵과 라면, 케이크 등 여러

▌ 생활협동조합에서 100퍼센트 우리 밀로만 만든 우리 밀 케이크

가지 식품으로 우리 밀을 만날 수 있습니다. 이렇게 되기까지는 대기업이나 유명 제과점 대신 소규모 농가와 생협의 밀가루와 제품을 꾸준히 이용한 소비자의 공이 큽니다. 물론 2퍼센트는 아주 미미한 수준이지요. 수입 밀 식품을 100번 먹을 때 우리 밀 식품을 두 번만 먹는 것이니까요. 그렇지만 소비자가 깨어있는 한 우리 밀 소비는 앞으로 더 늘어날 것이라고 봐야 하겠죠?

유전자조작 식품

여러 전문가는 유전자조작 식품 때문에 우리의 건강이 위태롭다고 주장합니다. 유전자조작 식품은 유전자를 재조합한 유전자조작 농산물로 만들었습니다. 그렇다면 유전자조작 농산물(GMO, Genetically Modified Organisms)은

▍ 연구실에서 유전자조작 농산물(GMO)을 실험하고 있다.

유전자재조합은 생명체의 암호인 유전자를 인위적으로 바꾸는 것이다. 유전자를 넣고 빼거나 순서를 재배열하는 방식으로 이뤄진다. 연구자가 자신의 입맛에 맞는 생물을 만들어내기 위해 생물 고유의 특성을 바꾸는 것이다. 때로는 아예 종이 다른 두 가지 유전자를 재조합하는 경우도 종종 발생한다. 예를 들어 양배추에 전갈의 맹독성 유전자를 삽입하는 실험을 진행한 적이 있다. 식물과 곤충을 유전자 측면에서 교배한 것이다. 왜 그랬을까? 양배추를 재배할 때는 벌레가 많이 꼬이므로 농약을 자주 뿌려야한다. 만약 전갈 양배추를 심어놓으면 어떻게 될까? 벌레가 전갈 양배추를 살짝 뜯어먹는 순간 독이 온몸에 퍼져 죽으므로 농약이 필요 없어진다. 양배추가 살충제의 노릇까지 하는 것이다. 그렇다면 전갈 양배추는 인체에 아무런 피해를 끼치지 않을까? 이런 우려가 커져가는 중에도 동물과 식물 또는 식물과 곤충 등 종이 다른 유전자를 재조합한 식품이 꾸준히 등장하고 있다.

왜 등장했을까요? 농부는 농사를 지을 때 잡초 때문에 애를 먹습니다. 농작물만 쑥쑥 자라면 좋겠지만 잡초가 생명력도 끈질기고 성장도 빠르기 때문이지요. **제초제**를 뿌려봤자 잡초의 종류가 워낙 다양해서 몇몇 잡초는 끝까지 살아남습니다. 게다가 제초제는 농작물의 성장까지 방해합니다.

　미국의 다국적 농업 기업인 몬산토에서 농부들의 고민을 한방에 해결할 만한 씨앗과 제초제라며 라운드업레디와 라운드업을 내놓았습니다. 라운드업레디를 심은 뒤 라운드업을 뿌리면 모든 잡초는 삽시간에 죽는 반면에 농작물은 아무런 피해 없이 무럭무럭 자라난다고 주장했지요. 몬산토가 개발

글리포세이트는 녹슨 관을 청소할 때 사용하는 화학약품이다. 글리포세이트로 녹슨 관을 청소하면 주변의 식물이 싹 말라붙을 만큼 독성이 강했다. 몬산토 연구진은 글리포세이트를 제초제로 개발하고 라운드업이라는 이름을 붙였다. 문제는 라운드업의 성분이 농작물까지 피해를 줄만큼 강력하다는 점이었다. 그러던 어느 날 연못에 라운드업을 뿌렸더니 연못 속의 미생물이 차례로 죽어갔다. 그런데 단 하나의 미생물만 죽지 않고 끝까지 살아남았다. 연구진은 그 미생물의 DNA를 추출하여 옥수수와 콩의 유전자에 넣어서 변종 옥수수와 콩의 씨앗을 개발해냈다. 라운드업 제초제에 영향을 받지 않는 씨앗이 탄생한 순간이었다. 몬산토는 씨앗에 라운드업레디라는 이름을 붙여서 라운드업 제초제와 함께 판매를 시작했다. 농부들은 라운드업레디 씨앗을 심으려면 반드시 라운드업 제초제까지 구입해야 한다.

한 씨앗과 제초제는 미국을 비롯하여 세계 곳곳으로 금세 퍼져나갔습니다. 농부들은 농사짓기 쉽고 농작물의 수확량까지 늘어난다는 몬산토의 광고를 믿었거든요. 얼마 뒤에는 몬산토의 라운드업레디 농작물인 토마토나 옥수수로 만든 케첩과 시리얼이 하나둘 등장하기 시작했습니다.

라운드업레디는 안전할까?

1996년에 몬산토의 라운드업레디 콩이 대규모 농업국인 아르헨티나로 공급되었습니다. 그로부터 약 20년 뒤 라운드업레디 콩 재배 면적은 세 배로 늘

■ 캉대학교의 실험용 쥐. 몬산토의 유전
자조작 옥수수를 먹은 뒤에 거대한 종
양이 생겨났다.

어났습니다. 그런데 이상한 일이 계속 일어났습니다. 아르헨티나의 시골 마
을 차코에서는 라운드업이 대량으로 살포된 뒤에 주민들이 각종 암과 뇌성
마비 등 질병에 시달리는가 하면 신생아의 30퍼센트가 기형아로 죽어갔습니
다. 차코 일대의 가축 떼들은 희한한 질병으로 목숨을 잃었고요. 아무리 봐
도 라운드업 제초제를 원인으로 꼽을 수밖에 없었지요. 그러자 학자들은 의
심을 품었습니다. '강력한 제초제인 라운드업을 뒤집어쓴 콩이나 옥수수는
과연 사람의 몸에 안전할까?'

　2012년 프랑스 캉대학교에서 유전자조작 농산물에 대한 실험 결과를 발
표하자 많은 사람들이 경악을 금치 못했습니다. 세계에서 가장 많이 팔리는
몬산토의 유전자조작 옥수수를 쥐에게 먹였더니 거대한 종양이 생겨났기 때
문입니다. 심지어 실험용 쥐 200마리 중 50퍼센트에서 80퍼센트까지 같은 현
상이 일어났습니다. 프랑스 캉대학교의 연구팀은 유전자조작 농산물이 각
종 종양을 일으키고 간이나 위장의 기능을 약화시킨다고 발표했습니다. 프
랑스 정부는 이 보고를 받고 나서 문제를 일으킨 옥수수의 수입을 긴급 중
지했습니다.

몬산토

몬산토는 처음에 미국의 화학 기업으로 출발했다. 인공감미료인 사카린을 생산하여 코카콜라에 납품하다가 1902년부터는 아스피린 제조에도 뛰어들었다. 1950년대에 이르러 유럽에 진출한 뒤 다국적 화학 제조 기업으로 성장했다. 베트남 전쟁에서는 화학무기인 에이전트 오렌지를 미군에 공급하며 몬산토라는 악명을 세상에 떨쳤다. 맹독성 고엽제인 에이전트 오렌지의 살포로 베트남에서 숨진 사람만 40만 명에 이르며 200만 명이 후유증으로 고통스럽게 살아야 했다. 베트남 전쟁이 끝나자 몬산토는 에이전트 오렌지 제조 기술을 바탕으로 농업에 뛰어들었다. 곧이어 에이전트 오렌지 사용이 법으로 금지되자 라운드업 제초제를 개발하여 판매했다. 몬산토는 라운드업이 워낙 강력해서 적게 뿌려도 충분하므로 환경친화적 제초제라고 주장한다.

우리나라의 유전자조작 식품

우리나라에도 유전자조작 식품이 있을까요? 몬산토의 유전자조작 농산물인 라운드업레디 옥수수와 콩이 국산 식재료로 사용되고 있어요. 케첩이나 마요네즈, 팝콘은 물론이고 우리 고유의 식품인 된장이나 고추장의 원료도 유전자조작 농산물인 경우가 많습니다. 1997년부터 국내 식품 대기업에서 유전자조작 농산물을 대량 수입하여 사용했기 때문입니다. 그동안 대기업은 영업 기밀이라는 이유로 유전자조작 농산물 수입 내역 공개를 거부했답니다. 그러다 소비자의 식품 선택권을 보장해야 한다는 대법원 판결에 따라 최근에 들어서야 공개되었지요. 경제정의실천시민연합이 공개한 자료에 따르면 2011년부터 2016년까지 총 1,067만 톤의 유전자조작 농산물을 수입했습니다. CJ제일제당이 그 중에서 32퍼센트에 이르는 340만 톤을 수입하여 1위를 차지했지요. 이어서 청정원으로 유명한 대상그룹과 사조해표사와 삼양사와 인그리디언코리아까지 식품 대기업 다섯 곳이 유전자조작 농산물의 99퍼센트를 수입했어요. 식약청 통계에 따르면 2016년에 들여온 식용 유전자조작 농산물은 220만 톤 규모로 세계 1위입니다. 동네의 마트에서 팔고 있는 콩기름과 고추장, 된장, 간장, 빵, 과자 등 거의 모든 가공식품에 유전자조작 농산물이 들어갔다는 이야기입니다.

유전자조작 식품의 사례

콩	간장, 된장, 고추장, 두부, 두유, 콩나물, 식용유, 버터, 마가린, 콩과자, 마요네즈, 스파게티, 커피크림
옥수수	팝콘, 옥수수유, 물엿, 과자, 사탕, 빵, 맥주, 콜라, 사이다, 수프
감자	녹말가루, 튀김용 감자, 당면, 스낵
면화	땅콩버터, 참치 통조림
토마토	케첩, 주스, 파스타, 피자 소스
유채	카놀라유

친환경 농산물

친환경 농산물이란 환경을 보전하고 소비자에게 안전한 농산물을 공급하기 위해 농약과 화학비료 등 합성 화학물질을 사용하지 않거나 최소량만 사용하여 생산한 농산물을 가리킵니다. 미국의 신문에 발표된 내용에 따르면 2016년 미국 내 친환경 식품 판매량은 430억 달러를 기록했습니다. 1년 동안 8.4퍼센트가 증가했지요. 반면에 미국의 전체 식품 시장은 지난해 성장률이 7퍼센트에 그쳤어요. 왜 값비싼 친환경 농산물을 구입하는 소비자들이 늘어나고 있을까요? 가장 큰 이유는 자신과 가족의 건강을 지키기 위해서랍니다. 우리나라 역시 2016년에 친환경 농산물 시장 규모가 전년 대비 21퍼센트 증가했습니다. 한국농촌경제연구원은 친환경 농산물 시장규모가 앞으로도 매년 5.9퍼센트 이상 상장할 것으로 전망했습니다. 아울러 친환경 농산물 판매장도 계속 확산되는 편입니다. 전라남도를 예로 들자면 향토 기업의 친환경 농산물 가맹점이 2006년에는 45개에 불과했는데 2017년에는 118개소

▌ 농부가 친환경 방식으로 재배한 야채를 들고 있다.

로 급증했거든요. 예전의 소비자는 기업이 판매하는 제품을 묻지도 따지지도 않고 구매할 때가 많았지요. 그러나 농약이나 식품 첨가제나 유전자조작 농산물의 위험성을 알게 된 소비자들은 건강한 삶을 위해 윤리적 소비를 실천하고 있습니다.

생각해 보기

2014년에 가수 이효리는 자신이 직접 키운 콩을 제주도 장터에서 팔다가 유기 식품 관련 법률 위반으로 신고되었다. 스케치북에 '유기농 콩'이라고 적은 뒤 판매했기 때문이다. 물론 고의적이지 않았기 때문에 주의하라는 처분만 받고 끝났다. 이 사건으로 많은 사람들이 친환경 농산물에 대한 사실을 한 가지 깨달았다. 집이나 텃밭에서 농약을 뿌리지 않고 재배한 농산물이라도 유기농으로 판매해서는 안 된다는 것이었다. 가수 이효리가 스케치북에 '유기농 콩'이라고 적으려면 무엇보다 유기농 인증이 필요하다. 3년 이상 농약이나 화학비료를 사용하지 않고 재배한 뒤 인증 기관으로부터 인증을 받아야 한다. 농부가 유기농 농산물을 재배하려면 몇십 배의 노력과 수고가 뒤따르므로 유기농 농산물의 가격은 일반 농산물에 비해 두 배 정도 비싸다. 따라서 유기농 농산물은 백화점이나 대형 마트나 생협에서 근사하게 포장하여 판매한다. 결국 일반 상품보다 많은 돈을 지불한 사람만이 윤리적 소비자가 된다는 뜻이다. 돈으로 윤리성을 구입한다고 볼 수도 있다. 혹시라도 공정 무역 제품이나 친환경 제품을 구매하는 것으로 사회적 책임을 다했다고 자만에 빠지는 소비자가 있지는 않을까? 그래도 안 하는 것보다는 낫다. 유기농 농산물을 구입하려고 건넨 돈이 자신의 윤리성을 백퍼센트 나타낸다고 착각하는 일은 없어야겠다.

GMO 표시제

유럽연합은 유전자조작 식품의 안전성에 대한 논란이 거세지자 1997년 전 세계에서 최초로 GMO 표시 제도를 도입했습니다. 미국은 그동안 자율 표시제를 운영하다가 2016년 7월에 상하원에서 GMO 완전 표시제 법안을 통과시켰지요. 안타깝게도 우리나라는 아직 GMO 표시 제도를 시행하지 않고 있어요. 2018년 3월에 46개 생활협동조합과 다양한 분야의 시민사회 단체가 GMO 완전 표시제 도입을 촉구하며 청와대 국민 청원을 시작했습니다. 시민 청원단은 매년 200만 톤의 식용 GMO가 수입되는데도 GMO 표기를 전혀 요구하지 않는 정부의 제도를 강하게 비난했어요.

간추려 보기

- 살충제나 항생제 범벅인 식품이 우리의 식탁에 올라 생명을 위험에 빠트리고 있다.
- 수입 밀은 장거리 운송에 대비해 수확 후 살충제를 많이 사용하여 건강에 해롭다.
- 유전자조작 농산물을 원료로 하는 식품이 안전성을 의심받고 있다. 프랑스 캉대학은 유전자조작 농산물이 각종 암을 일으키고 인체 장기에 해롭다는 결과를 발표했다.
- 대기업이 만든 식품에는 유전자조작 농산물, 즉 GMO가 많이 들어있다. 미국이나 유럽에서는 친환경 식품을 구입하는 사람들이 점차 늘어나고 있으며 GMO에 대한 우려의 목소리를 높이고 있다.
- 우리나라의 시민 단체에서는 GMO 완전 표시제를 정부에게 요구하고 있다.
- 친환경 제품을 구입하려고 건넨 돈이 윤리성을 나타내는 것이라고 착각해서는 안 된다.

3

CHAPTER

인권을 위한 윤리적 소비

탐욕스러운 기업들은 돈을 벌기 위해 노동자나 농부들을 착취하는 것은 물론이고 아동과 여성에게도 고된 노동을 강요합니다. 특히 세계적으로 유명한 기업들은 비용 절감을 외치며 생산 시설을 개발도상국으로 옮겨 현지 노동자들을 착취하고 환경을 파괴하는 등 비윤리적인 행태를 서슴지 않습니다. 비윤리적인 다국적기업은 저렴한 제품으로 소비자들을 끌어 모으지만 그 뒤에는 노동자들의 고통과 슬픔이 감춰져 있습니다.

옷에 달린

가격표에 입이 쩍 벌어질 때가 있습니다. 믿어지지 않을 정도로 금액이 비쌌거든요. 반면에 몇천 원짜리 티셔츠를 보며 고개를 갸웃거린 적도 있답니다. 어떻게 그처럼 저렴한 가격으로 옷을 만들 수 있을까요? 기업은 결코 자선단체가 아닙니다. 손해 보는 장사를 하지 않는다는 뜻이지요. 어떻게든 제품의 원가를 줄여서 이익을 남기려고 애를 씁니다. 그중에서도 가장 신경을 쓰는 부분은 인건비입니다. 그래서 수많은 다국적기업이 저렴한 인건비를 찾아 가난한 나라로 공장을 이전합니다. 때로는 인건비를 더 아끼려고 고작 열 살 남짓의 아이들을 고용하는 기업들도 있답니다. 소비자들이 헐값에 물건을 구입할 수 있었던 이유 중 하나는 기업의 노동력 착취 때문입니다.

카펫 공장의 아이들

네팔은 카펫의 주요 수출국입니다. 네팔에서 만든 카펫은 싸고 품질이 좋아서 전 세계로 팔려 나갑니다. 그러나 카펫 공장의 베틀에서 열심히 카펫을 짜는 노동자들은 고작 열 살 남짓의 아이들입니다. 심지어 예닐곱 살의 아이들이 일을 할 때도 있지요. 카펫 공장이 어린아이들을 고용하는 이유는 인건비가 어른의 절반이기 때문입니다. 그러다 보니 부모 대신 어린 자녀가 일하는 경우도 많답니다.

아이들은 환기 시설을 제대로 갖추지 않은 좁고 어두운 곳에서 하루 종일 머무르게 됩니다. 실 먼지가 둥둥 떠다니는 공장에서 일하다 보면 기침이 마를 날이 없고 날카로운 도구에 손을 다치기도 한다는군요. 대부분의 아이들은 하루에 열세 시간씩 일하는데 한 달 받는 월급은 우리 돈으로 3만 원에도 못 미칩니다. 네팔 아이들이 고통스럽게 카펫 짜는 모습을 본다면 그 카펫을 선뜻 구매하기가 어려울 것입니다.

굿위브 마크

윤리적 소비자는 네팔이나 인도의 카펫을 구매하려 할 때 굿위브 마크를 확인합니다. 굿위브 마크는 아동의 노동 없이 만든 카펫이라는 것을 인증해 주는 표시예요. 1994년에 인도의 인권 운동가인 카일라시 사티아르티가 굿

▮ 아동노동을 시키지 않았다는 뜻의 굿위브 인증 마크 카펫.

위브 재단을 설립하고 굿위브 마크 운동을 펼쳤습니다. 굿위브 재단은 카펫 공장에서 일하는 아동을 구출하여 재단의 학교에서 3년간 돌봐주고 공부를 가르쳐 줍니다. 굿위브 마크가 붙은 카펫은 아동 대신 어른에게 임금을 지급하므로 가격이 비쌉니다. 그러나 미국과 유럽의 소비자들은 굿위브 마크가 붙은 카펫을 기꺼이 구매했어요. 그 결과 네팔의 카펫 산업에서 11퍼센트에 이르던 아동노동 비율이 2009년에는 3퍼센트로 떨어졌지요.

지난 20년 동안 굿위브 마크 카펫은 1,100만 장 넘게 팔렸습니다. 카펫의

인물탐구 카일라시 사티아르티

카일라시 사티아르티는 인도의 아동 권리 운동가다. 1980년에 아동 인권 비정부기구를 설립하고 아동노동 착취의 현장에서 아이들을 구출해냈다. 정부와 법원을 상대로는 아동노동을 금지해달라는 청원을 이어갔다. 또한 굿위브 재단을 설립하여 아동노동을 강요한 제품을 거부하자는 국제적인 소비자 운동을 이끌었다. 얼마 뒤 수출용 카펫에 아동노동을 시키지 않았다는 뜻의 굿위브 마크가 붙기 시작했다. 1998년에는 103개국의 720만 명과 1만여 개의 단체가 참여하는 '아동노동에 반대하는 전 세계 행진'을 조직하여 강제 노동에서 구조된 아동 1,000여 명과 함께 불법적이고 비윤리적인 아동노동을 막아달라고 호소했다. 결국 국제노동기구는 아동을 위험한 노동과 착취로부터 보호한다는 합의안을 내놓았다. 카일라시 사티아르티는 30년이 넘도록 아동 학대에 맞서 싸우며 아동의 교육을 위해 힘쓴 공로로 2014년 노벨평화상을 수상했다.

세계 시장은 큰 변동이 없었지만 공정 무역 조건에 맞춰 생산된 카펫은 판매가 30퍼센트 이상 늘어났지요. 카펫 공장의 아동노동은 75퍼센트 가까이 줄어들었고요. 네팔의 공장에서 힘겹게 카펫을 짜던 아이가 학교에서 친구들과 뛰어놀 수 있었던 것은 굿위브 카펫을 주저하지 않고 선택한 윤리적 소비 때문입니다. 굿위브 인증을 받은 카펫 한 장을 구매할 때마다 네팔 아이 한 명이 공장에서 벗어났거든요.

소규모 커피 재배 농가

2,500만 명가량의 농부들이 약 50개의 개발도상국에서 커피를 재배하고 있습니다. 대다수의 농부들은 소규모로 커피를 재배하므로 원두를 **중개업자**에게 넘길 때가 많습니다. 세계 교역량 2위의 커피 원두는 복잡한 유통 단계를 거치며 가격이 올라가지만 농부들이 실제로 손에 쥐는 돈은 소매가격의 4퍼센트에도 미치지 못합니다. 게다가 커피 원두의 공급이 급격히 늘어나기라도 하면 가격이 폭락하여 손에 쥐는 돈은 더 줄어들지요. 그러다 보니 커피 재배 농가의 70퍼센트 가량이 **절대 빈곤**에 허덕입니다. 부모가 쉬지 않고 일해도 자녀들을

전문가 의견

기존의 무역은 사람이 없는 무역이지만 공정 무역은 사람들의 힘겨운 이야기를 직접 들어보는 것이다.

− 데이비드 랜섬 영국 런던 정경대학 교수

학교에 보내지 못하기에 가난은 대물림될 수밖에 없습니다.

반면에 다국적 기업은 커피 원두를 싸게 사들여 수익을 톡톡히 남겼습니다. 예를 들어 커피 전문점인 스타벅스는 에티오피아에서 원두 1킬로그램 당 300원에 구입하여 25만 원을 남긴 적도 있습니다. 5천 원 남짓의 카페모카 한 잔에 들어간 원두의 가격이 6원에 불과했거든요. 커피 농가에게 정당한 대가를 지불하지 않고 폭리만 취한다는 비난이 일자 스타벅스는 2000년대 들어와 공정 무역 커피의 구매를 조금씩 늘렸습니다. 공정 무역을 요구하는 소비자의 목소리를 외면할 수 없었기 때문이지요.

공정 무역 커피

아프리카나 남미 등 가난한 나라의 농부들이 원두의 값을 제대로 받을 방법은 없을까요? 공정 무역 기업들은 다국적기업이 만들어 놓은 복잡한 유통 구조를 거부하고 원두 재배 농가와 직접 거래하여 적정한 소득을 보장해 주려고 노력합니다. 바로 공정 무역 커피입니다. 1986년에 네덜란드 출신의 호프 신부가 멕시코 농부들을 위해 막스 하벌라르라는 상표를 만들면서 공정 무역 커피의 역사가 시작되었어요. 호프 신부는 지역 농부들 스스로 가격을 결정하고 커피를 가공하도록 도와주었습니다. 더 나아가 막스 하벌라르를 마트에서 판매하도록 발 벗고 나섰답니다. 마침내 1988년에 첫 공정 무역 커피인 막스 하벌라르가 네덜란드 커피 시장에 선을 보였어요. 사람들은 막스 하벌라르가 다국적 커피 기업들 사이에서 오래 버티지 못할 것으로 예상했습니다. 그러나 막스 하벌라르는 1년 만에 네덜란드 커피 시장의 3퍼센트를 차지할 만큼 급성장했어요. 저소득 국가의 농부는 자신이 재배한 커피를

1988년 막스 하벌라르가 멕시코산 수입 커피에 부착한 표시이다. 훗날 유럽과 아메리카, 아시아 여러 회원국들도 함께 사용하면서 공정 무역 인증 표시로 정착되었다. 사람이 한쪽 팔을 치켜들고 환호하는 모습을 형상화한 것으로 희망과 성장을 의미한다.

정당한 값으로 팔 수 있어서 좋았고 소비자는 정직하고 윤리적인 제품을 사용하니 만족스러웠지요.

공정 무역 제품의 기준

생산자는 소외된 채 중간 거래 업자나 대기업이 물건의 가격을 결정하는 것은 불공정 무역입니다. 공정 무역은 저소득 국가의 생산자들이 열심히 땀 흘려 일한 대가를 보장해줍니다. 생산자와 소비자가 서로 존중하면서 공평한 관계를 이루는 것이지요. 따라서 공정 무역 제품이 되려면 아래의 기준을 지켜야 합니다.

첫째, 가격은 지역 중개인이나 다국적기업의 구입가보다 높아야 한다.

둘째, 가족이 모여 농사짓거나 소규모로 농사를 짓는 경우 농사 비용을 지원해 준다.

셋째, 농작물의 시장 가격이 폭락해도 생산자를 보호한다.

넷째, 아동노동을 금지한다.

다섯째, 유통업자는 수익금을 지역의 보건 시설과 교육 시설에 재투자한다.

여섯째, 환경을 보호하기 위해 노력한다.

일곱째, 가격이 어떻게 결정되었는지 투명하게 공개한다.

여덟째, 생산자와 수입자는 지속적인 관계를 유지한다.

사례탐구 아공네 캐슈넛

견과류인 캐슈넛을 고르던 농부는 자부심 가득한 얼굴로 말했다. "옆 농장만 해도 부모들이 어린 자식을 학교가 아닌 캐슈넛 껍질 까는 공장으로 보낸답니다. 어떤 곳에서는 아이들에게 하루 10시간씩 농약 치는 일을 시키더라고요. 농약에 스치기만 해도 벌레가 죽을 만큼 독한데도 말이죠. 우리 마을에서는 있을 수 없는 일입니다. 공정 무역 인증을 받으려면 아이들을 학교에 꼭 보내야 하니까요." '아공네'와 협력 관계에 있는 조합원은 활짝 웃었다. 아시아공정무역네트워크는 사회적 기업으로 흔히 아공네라고 줄여서 말한다. 순수 공정 무역 단체인 아공네는 베트남과 필리핀 등의 개발도상국 생산자에게 정당한 노동의 대가를 보장해준다. 아공네 홈페이지에서는 주로 캐슈넛과 건망고, 계피. 홍차, 커피 등의 공정 무역 제품을 소개하고 판매한다. 공정 무역 인증 조건은 무척 까다롭다. 인체에 해로운 살충제나 제초제를 사용해서는 안 되며 출산 전후의 임산부 노동 금지, 보호 장구 착용 등 노동조건을 지켜야 한다. 공정 무역 인증 기관에서는 가정에서 아이들을 학교에 제대로 보내는지도 조사한다.

패스트 패션

유행하는 패션은 오래가지 않습니다. 작년에는 스키니진이 인기를 끌더니 올해에는 나팔바지가 거리를 휩쓸고 있습니다. 이런 소비자의 변덕스러운 기호에 맞춰 옷의 디자인이나 스타일을 빠르게 바꾸는 패션 업체들이 있습니다. 미국의 갭과 스페인의 망고, 일본의 유니클로, 스웨덴의 H&M이 패스트 패션을 추구하는 업체들입니다. 생산자 입장에서는 중저가 의류를 재고 없이 팔 수 있으니 자본의 부담이 줄어들고요. 소비자 입장에서는 싼 가격으로 유행하는 옷을 입으니까 만족스럽지요.

그런데 2016년에 영국에서 뉴스를 보던 시민들은 마음이 아팠습니다. 터키의 시리아 난민들이 노동력을 착취당하며 영국 매장에서 판매할 망고나 자라, 막스앤스펜서 옷을 만들고 있었거든요. 노동자 중에는 16세 미만의

▌ 뉴욕의 H&M 매장.

2015년에 제작한 다큐멘터리 영화 〈더 트루 코스트, 진정한 가격〉은 우리를 현혹하는 패션 산업의 민낯을 보여준다. 멋진 옷을 저렴하게 판매하는 의류 매장은 소비자들의 눈길을 사로잡는다. 그처럼 싸고 예쁜 옷의 비밀은 무엇일까? 〈더 트루 코스트〉는 노동자를 착취하고 환경을 파괴하는 의류 산업의 실상을 하나하나 고발하며 관객에게 묻는다. 바지 한 벌이 한 그릇의 음식 값도 안 되는 이유는 무엇일까? 카메라는 좁은 공장에서 기계처럼 작업하는 노동자의 모습을 비춰준다. 생활비를 벌려고 모여든 아시아의 가난한 노동자들이다. 무조건 생산비를 줄이려는 다국적기업에게는 천국과 같은 곳이다. 이곳 노동자가 하루 종일 일하고 받아갈 임금은 자국 노동자 임금에 비해 훨씬 낮기 때문이다. 게다가 노동자의 85퍼센트가 여성이다 보니 기업으로서는 훨씬 강압적으로 노동자들을 부릴 수 있다. 영화에서 어떤 여성은 더 많은 임금을 요구하다가 방에 끌려가서 구타를 당했다고 증언했다. 곧이어 영화는 인도의 펀잡 지역을 보여준다. 다국적 패션 업체에 납품할 면화를 재배하는 곳이다. 면화를 재배할 때 농약을 지나치게 뿌린 탓에 마을 주민들은 병들어 가고 있었다. 농부들은 시름시름 앓았으며 아이들은 장애를 안고 태어났다. 암에 걸려 고통받는 주민들도 많았다. 〈더 트루 코스트〉의 감독 모간은 영화 시사회에서 이렇게 말했다. "나는 이 영화를 본 관객들이 패션은 쓸모없다고 여기기를 바라지는 않는다. 혹은 좋아하는 옷을 입었다고 죄책감을 느낄 필요도 없다고 생각한다. 여러분이 소비하는 물건들이 어떤 단계를 거쳐 손에 들어왔는지 살펴보기를 바랄 뿐이다." 디자이너 스텔라 맥카트니는 "소비자들은 책임을 느껴야한다. 만약 다국적기업의 옷이 불편하게 여겨진다면 사지 말아야 한다."라고 주장했다.

아동도 여럿 보였어요. 다들 우리나라 돈으로 1,400원 가량인 1파운드를 시급으로 받았는데요. 터키 최저시급의 절반도 못 미치는 수준이었지요. 특히 청바지 공장에서는 시리아 출신 불법 노동자들이 독성이 강한 표백 물질에 노출된 채 12시간을 꼬박 일에 매달렸지요. 노동자를 착취하는 패션 업체는 자라와 망고 외에도 많습니다. 아시아의 미얀마에서는 H&M 패션 업체가 노동자를 혹독하게 부려먹으며 옷을 만들어 냈거든요. 소비자들이 만족해 하던 저렴한 옷은 개발도상국 노동자의 피땀으로 만들어졌습니다.

공정한 가격

면화를 이용한 의류 제품은 가난한 나라에서 만들어져 H&M이나 자라, 망고 등 유명 패션 브랜드를 붙인 뒤 세계 곳곳에서 팔리고 있어요. 그 과정에서 노동 착취와 과도한 화학약품 사용이 발생합니다. 영국의 친환경 패션 업체인 피플트리는 세계적인 패션 업계와 다른 길을 선택했습니다. 피플트리

▌ 해리포터 시리즈로 유명한 영국 배우 엠마 왓슨은 피플트리의 모델로 활약하며 공정 무역을 널리 알리는데 힘썼다.

Fair Trade
Month
October

| 공정 무역의 달 포스터.

는 인도의 면화 농장에서 공정한 가격을 지불하고 유기농 면화를 구입합니다. 농장에서 일하는 농부들에게 정당한 대가가 돌아가기를 바라기 때문이지요. 또한 네팔의 업체에서 손뜨개질 상품인 장갑이나 목도리를 구매함으로써 여성들에게 일할 기회를 제공하려고 노력합니다. 피플트리가 협력 업체에게 가장 강력하게 요구하는 사항은 품질이나 납기일이 아닙니다. 바로 농부나 근로자의 최저생계비 보장이지요. 조사에 따르면 피플트리의 협력 업체에서 일하는 노동자들은 각국의 최저임금보다 높은 급여를 받고 있습니다.

공정 무역에 대한 비판적 시각

공정 무역 의류를 구입하는 소비자의 의도는 무엇일까요? 저소득 국가에서 형편없는 임금을 받고 비참하게 일하는 노동자가 줄어들기를 바라는 것이지요. 그러나 몇몇 경제학자들은 노동을 착취하는 공장이 가난한 나라에 도움이 된다고 주장합니다. 선진국의 대기업들이 저개발 국가에 공장을 짓

공정 무역은 요술 방망이가 아니기 때문에 해결해야 할 문제도 많다. 그래도 희망은 있다. 남미는 공정 무역 마크를 처음으로 붙인 곳이다. 물론 멕시코나 코스타리카가 아프리카의 나라들에 비해 사정이 더 낫기는 하다. 그러나 아직도 이 나라들에는 빈곤에 시달리는 소규모 자작농이 많다. 이들에게 공정 무역은 그야말로 생명 줄과 같다. 아프리카 공정 무역 사업 역시 차츰 성장하고 있다. 12개국 42개로 시작된 공정 무역 인증 단체가 7년 만에 26개국 214개 단체로 늘었다.

– 해리엇 램, 국제공정무역인증기구 최고경영자

공정 무역 제품이라는 이유로 소비자가 추가로 지불한 돈 중 농부들의 수중에 떨어지는 몫은 극히 일부다. 이쯤 되면 공정 무역 제품을 살 이유가 없다. 공정 무역 커피를 예로 들자면 상대적으로 덜 가난한 남미의 노동자에게 아주 적은 금액을 보태 줄뿐이다. 차라리 더 저렴한 상품을 사고 그렇게 절약한 돈을 효율성이 높은 자선단체에 기부하는 편이 낫다.

– 윌리엄 맥어스킬, 옥스퍼드대학교 철학과 부교수

고 나면 자연스럽게 기술이 이전되기 때문이지요. 그런 주장이 사실일 경우, 가난한 나라의 입장에서는 노동 착취 공장이 꼭 필요하겠지요. 1993년에 미국 아이오와주에서 아동 노동 착취 제품의 수입을 금지하는 법안이 발의되었습니다. 방글라데시의 공장에서 5만여 명에 이르는 아동 노동자들을 발빠르게 해고했더니 아동들은 더 영세한 의류 공장으로 옮겼다고 합니다.

초콜릿이나 바나나, 커피 등을 재배하는 농부들은 공정 무역의 혜택을 제대로 누릴까요? 일반 커피보다 몇 달러 더 주고 공정 무역 커피를 사면 아프리카의 가난한 농부들은 형편이 그만큼 나아질지 궁금합니다. 사실 공정 무역 인증 기준이 몹시 까다로워서 아프리카의 가난한 나라에서는 이 기준을 충족시키기 어렵습니다. 그러다 보니 공정 무역 커피 재배 농가는 멕시코나 코스타리카 등 중남미에 몰려있지요. 아프리카의 더 열악한 나라들이 공정 무역에서 제외된다는 뜻입니다. 한편 공정 무역에 비판적인 경제학자들은 공정 무역 제품을 구입한다고 해서 가난한 나라의 빈곤층에게 수익이 모두 돌아가지 않는다고 주장합니다. 몇몇 연구팀이 공정 무역 커피를 조사한 결과 소비자가 더 지불하는 금액 중 약 10퍼센트만 농부들에게 돌아갈 때도 있다더군요.

한국의 공정 무역

우리나라의 공정 무역 제품은 꾸준히 늘어나고 있습니다. 공정 무역 제품에 대한 소비자의 관심이 높아진 것으로 해석됩니다. 공정 무역 제품으로는 커피를 비롯하여 초콜릿, 차, 설탕, 면화를 주로 꼽는데요. 국내에서 판매되는 공정 무역 제품은 2015년 152개에서 현재는 200개를 넘어섰습니다. 공정 무역 운동이 한국에 소개된 것은 2000년대 초반입니다. 2002년 아름다운가게가 수공예품을 공정 무역으로 처음 수입했으며 2004년에는 두레생협이 필리핀의 공정 무역 설탕인 마스코바도를 소개했습니다. 공정 무역은 점차 활기를 띠어서 2008년에 25억 원에 이르던 매출이 2016년에 약 160억 원으로 늘어났어요. 국내에서 공정 무역 제품을 판매하는 단체는 에코생협, 아이쿱생협, 카페티모르, 페어트레이드코리아 등 10여 곳입니다.

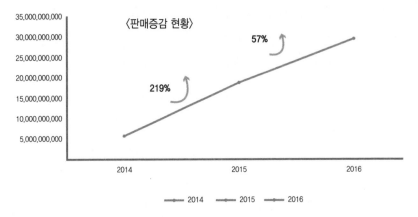

〈판매증감 현황〉

57%

219%

2014　　　　　　　2015　　　　　　　2016

━━ 2014　　━━ 2015　　━━ 2016

▌ 공정 무역 제품의 한국 매출이 꾸준히 늘어나고 있다.

집중탐구 **페어트레이드코리아**

2007년에 설립한 페어트레이드코리아는 여성과 환경, 빈곤 문제의 해결에 관심이 많은 사회적 기업이다. 따라서 빈곤 국가 여성 생산자가 만든 친환경 제품과 수공예품을 공정한 가격에 거래하여 생산자와 가족의 경제적 자립과 지역의 지속 가능한 삶을 지원한다. 서울과 강릉 등 네 곳의 페어트레이드코리아 매장을 방문하면 네팔과 인도, 방글라데시, 베트남, 모로코의 저소득층 여성들이 정성 들여 만든 수공예품을 다양하게 만날 수 있다. 주로 옷이나 가방이나 바구니인데 이처럼 수공예품을 거래하는 이유는 여성들이 적은 자본으로도 높은 소득을 올릴 수 있는 품목이기 때문이다. 페어트레이드코리아는 여성 생산자에게 공정한 임금과 지속 가능한 일자리를 보장하고 생산자의 안전한 작업 환경을 지원하며 환경 보전을 위해 노력한다.

간추려 보기

- 탐욕스러운 기업들은 노동자뿐만 아니라 아동과 여성까지 착취하여 수익을 올린다.
- 굿위브 단체에서는 아동의 노동 없이 만든 카펫에 굿위브 마크를 붙인다. 굿위브 마크를 붙인 카펫은 비교적 비싼 편인데도 소비자들은 기꺼이 지갑을 열고 있다.
- 개발도상국에서 주로 재배되는 커피는 복잡한 유통 단계를 거쳐 비싸게 판매된다. 반면에 커피 재배 농가의 70퍼센트 이상이 절대 빈곤에 허덕인다. 또한 다국적 의류 기업에서 근무하는 노동자들 역시 장시간 근무에 시달리지만 최저임금에 못 미치는 돈을 받고 있다.
- 공정 무역 단체는 노동자나 농부에게 노동의 정당한 대가를 지불하려고 노력한다. 커피를 비롯하여 초콜릿, 차, 설탕, 면화가 공정 무역을 통해 거래된다. 그렇지만 공정 무역 거래에 대한 부정적인 시각도 존재한다. 공정 무역의 혜택이 생산자나 노동자에게 돌아가지 않는다고 생각하는 것이다.

4

CHAPTER

동물을 위한 윤리적 소비

동물은 물건이 아닙니다. 숨을 쉬고 활동하는 생명체입니다. 그러나 오늘날의 동물은 고유의 모습과 특성을 잃어버린 채 인간에게 소비되고 있습니다. 포장된 식품을 비롯하여 옷과 신발, 약재 등 한낱 물건이 되어버린 동물을 곳곳에서 발견할 수 있습니다.

21세기에 들어서면서 보석달팽이와 양쯔강돌고래, 베

트남자바코뿔소, 핀타섬땅거북 등은 자취를 감춰버렸습니다. 북부흰코뿔소는 고작 세 마리만 남아서 멸종 직전에 놓여 있고요. 인간의 탐욕으로 지구상에서 사라지는 동물들을 생각하면 무척 안타깝지요. 반면에 개체 수가 늘어가는 동물도 있습니다. 오늘날 세계에는 10억 마리의 돼지와 15억 마리의 소와 250억 마리의 닭이 살고 있답니다. 그런데 개체 수가 늘어났다고 해서 멸종 위기인 호랑이나 북극곰보다 행복할 것 같지는 않습니다. 돼지와 소와 닭이 겪는 고통이 어마어마하게 크기 때문이지요.

공장식 밀집 사육

2017년에 우리나라 달걀에서 피프로닐이 검출되어 소비자들은 충격을 받았습니다. 피프로닐은 벼룩이나 진드기를 잡는 맹독성 살충제로 다량 섭취할 경우 간장과 신장이 망가질 가능성이 있습니다. 따라서 소나 돼지, 닭처럼 인간이 섭취하는 동물에는 사용을 금지한 약품입니다. 그렇다면 달걀에 왜 피프로닐을 뿌렸을까요? 우리나라 대부분의 양계장에서는 몇만 마리의 닭을 좁디좁은 닭장에 가둬두기 때문에 여름이면 진드기가 기승을 부리게 됩니다. 몇몇 농장주들은 진드기를 없애기 위해 불법행위인 줄 알면서도 살충제를 뿌리는 것입니다. 사실 자유롭게 텃밭을 돌아다니는 닭이라면 흙에 몸을 비벼서 진드기를 제거한답니다. 그러나 비좁은 공간에 다닥다닥 붙어 있는 공장식 밀집 사육의 경우에는 진드기를 털어낼 수 없습니다. 고개를 돌리기도 어려우니까요.

공장식 밀집 사육은 닭에게만 해당하는 문제는 아니에요. 소와 돼지, 오리 등 사람에게 육류를 제공하는 가축은 대부분 비슷한 상황이랍니다. 송아지나 어린 돼지는 태어나자마자 좁은 우리에 갇혀 물과 사료를 먹으며 몸무게만 늘려갑니다. 그러다 보니 비좁은 장소에서 감금된 상황을 견디지 못하

▋ 공장식 밀집 사육을 당하는 닭

고 서로를 공격하기 일쑤입니다. 농장주들은 우리를 넓히는 대신 소의 뿔을 잘라내거나 돼지의 이빨을 뽑아버립니다.

동물 복지

베트남 출신의 틱낫한 스님은 명상가이자 평화 운동가입니다. 자신의 책 《화》에서 설명하기를 비좁은 닭장에 갇힌 닭은 화가 많을 수밖에 없다고 했습니다. 사람이 화가 많이 난 닭을 먹게 되면 어떻게 될까요? 사람 역시 화가 쌓여서 자주 폭발한다는군요. 고통스럽게 살다 도살을 당한 돼지나 소도 다를 바 없겠지요.

소비자들은 살충제 달걀뿐만 아니라 전염성 질병인 **구제역**까지도 공장식 밀집 사육이 원인이라는 것을 깨달았습니다. 그래서 자유롭게 자라나는 가축에 대해 관심을 갖게 되었습니다. 드넓은 들판에 자유롭게 풀어놓은 자연 방목은 가축뿐만 아니라 사람에게도 이롭기 때문이지요. 소비자의 인식이 높아지자 축산업자나 기업들은 공장식 밀집 사육만을 고집할 수 없었습니다. 동물 복지에 신경을 쓰는가 하면 자연 방목 가축들을 늘려가기 시작했어요.

　오늘날 유럽의 마트는 대부분 자연 방목 닭으로부터 얻은 달걀을 진열하고 있습니다. 특히 영국과 독일, 프랑스는 마트에서 동물 복지 농장의 달걀만 판매할 수 있습니다. 우리나라 역시 동물 복지 축산물이 증가하는 추세입니다. 정부는 동물 복지를 실천한 농장에 동물 복지 인증을 부여하는데요. 2018년, 동물 복지를 인증한 양계장과 양돈장의 숫자는 소비자들의 호응에 힘입어 146개에 이르렀답니다. 2022년 즈음에는 동물 복지 농장이 3,000개로 늘어날 전망입니다. 물론 동물 복지 농장은 일반 농장에 비해 노동력과 관리비가 두 배 이상 들어가므로 축산물의 가격이 당연히 높지요. 그러나 윤리적 소비자는 달걀이나 고기의 섭취량을 절반으로 줄이더라도 동물 복지 농장의 축산물을 선택하는 편이 낫다고 생각합니다. 사람과 동물 모두 건강하고 행복해지는 길이니까요.

알아 두기

2012년부터 도입된 동물 복지 인증은 동물의 5대 자유 보장을 기본 원칙으로 한다.
- 갈증과 배고픔과 영양부족으로부터의 자유
- 불안으로부터의 자유
- 통증과 부상과 질병으로부터의 자유
- 정상적인 행동을 표현할 자유
- 불안과 고통으로부터의 자유

사향고양이

잡식성인 사향고양이는 커피 열매를 즐겨 먹습니다. 사향고양이가 먹은 커피 열매는 겉껍질이 벗겨진 채 똥과 함께 배출됩니다. 인도네시아의 커피 판매업자들이 이 커피 열매로 커피를 가공했더니 맛과 향이 기가 막혔습니다. 그래서 사향고양이라는 뜻의 루왁을 커피 이름으로 정하고 미국과 유럽에 팔았습니다. 루왁커피는 금세 인기를 끌어 값이 치솟았어요. 루왁커피를 찾는 사람들이 늘어나자 인도네시아 커피 재배 업자들은 사향고양이를 잡아 우리에 가두고 강제로 커피 열매를 먹였지요. 사향고양이들은 좁은 철창에 갇힌 채 병들어 갔습니다. 영국 동물 보호 단체에서 루왁커피 농장을 돌아다니며 사향고양이들의 상태를 살펴보았습니다. 커피 열매 외에는 먹은 것이 별로 없었는지 사향고양이들의 영양 상태는 엉망진창이었어요. 게다가 **카페인 중독**에 시달리고 있었어요. 개중에는 자신의 팔다리를 물어뜯거나 털을 뽑는 등 기이한 행동을 보이는 사향고양이들도 있었지요. 돈을 벌려는

▎ 루왁커피를 만들기 위해 인도네시아와 필리핀, 베트남 등에서 사육되는 사향고양이가 수만 마리에 이른다.

커피 재배 업자의 탐욕과 비싼 커피를 즐기려는 인간의 허영심 때문에 애꿎은 사향고양이들이 커피 열매를 생산하는 기계가 되고 말았습니다.

밍크

"최고급 밍크만을 사용하여 촉감이 부드럽고 윤기가 흐릅니다. 화려하고 우아하며 고급스러움을 자랑하는 밍크코트는 여러분의 겨울을 포근하게 만들어줍니다." 이상은 밍크코트를 광고하는 문구입니다. 1,000만 원을 훌쩍 넘는 가격표를 보니 밍크가 200마리쯤 필요했을 것 같습니다. 밍크코트를 걸치고 만족스러운 표정을 짓는 사람들은 200마리의 밍크가 어떤 일을 당했는지 과연 알고 있을까요?

모피 때문에 해마다 수천만 마리가 넘는 동물이 목숨을 잃고 있어요. 게다

생각해 보기

스위스 동물 보호 기구는 2005년에 중국의 수많은 모피 농장 중 한 군데를 방문하여 영상을 찍었다. 영상 속에서 일꾼들은 동물들을 바닥에 내동댕이쳐 정신을 잃게 한 후에 한쪽 다리를 위로 매달아 놓고 털가죽을 벗겼다. 죽으면 몸이 뻣뻣해져서 털가죽을 벗기기 힘들기 때문이다. 동물들은 매달리지 않은 다리들을 필사적으로 버둥거리며 고통에 바들바들 떨었다. 머리끝까지 가죽이 벗겨지는 순간까지도 살겠다고 숨을 몰아쉬던 허연 벌거숭이 몸통은 금세 쓰레기처럼 쌓여갔다. 피부가 벗겨진 뒤에도 10분 정도 심장이 뛰는 동물도 있었다.

가 공장식 모피 농장에서 사육되다가 도살당하는 동물들이 점차 늘어나는 추세입니다. 농장의 우리 안에는 곧 모피코트 신세가 될 동물들이 추위와 더위에 고스란히 노출된 채 하릴없이 빙빙 돌고 있지요. 그중에서도 암컷은 새끼를 낳는 기계나 다를 바 없습니다. 번식용 암컷은 4, 5년을 철창에 갇힌 채 끊임없이 새끼를 낳습니다. 국제모피연합에 따르면 최근에 8,500만 마리에 해당하는 모피가 거래되었다는군요. 1990년대에 비해 모피 거래량이 두 배 가까이 치솟은 이유는 중국과 러시아의 모피 수요가 늘어났기 때문입니다.

에코퍼

세계적으로 유명한 패션 업체인 구찌는 앞으로 밍크나 여우, 토끼, 라쿤 등 동물의 모피 사용을 중단하겠다고 선포했어요. 조르지오 아르마니와 랠프 로런 등 세계적인 디자이너들도 잇달아 모피 반대 의사를 밝혔습니다. 또한 여러 패션 업체는 모피 반대 운동에 동참하는 뜻으로 에코퍼를 매장에서 판매했습니다. 에코퍼는 합성섬유로 만든 제품인데 촉감과 보온성은 모피 못지않으며 가격은 절반 수준입니다. 기존 모피가 검은색이나 갈색, 회색 등 무채색 계열인 반면에 에코퍼는 하늘색이나 분홍색, 보라색 등 알록달록한 색상을 갖춘 것이 특징입니다. 멋있는 데다 저렴한 에코퍼는 세계적으로 인기를 끌고 있습니다. 사람과 동물을 모두 행복하게 만드는 에코퍼. 앞으로도 수요가 계속 늘어날 것으로 보입니다.

사냥개와 토끼

수많은 동물이 제약 업체나 의료 업계의 실험으로 끔찍한 고통을 겪습니다. 1998년에 영국의 화이자 연구소는 소형 사냥개인 비글을 대상으로 **발기 부전 치료제**인 비아그라를 실험했습니다. 수컷 비글 여러 마리의 성기를 불구로 만들고 나서 성기의 껍질을 벗기고 바늘을 넣어 혈압을 측정한 다음 다양한 양의 비아그라를 주입하여 그 효과를 연구했지요.

또한 화장품과 세면 용품 업체들 역시 동물실험을 서슴지 않습니다. 특히 제품 성분이 눈에 어떤 부작용을 일으키고 얼마나 자극적인지 파악할 때는 주로 토끼를 이용합니다. 토끼는 이물질이 들어와도 눈을 덜 깜박거리는 데

찬성과 반대 동물실험

새롭게 개발한 약의 효과와 독성을 파악하기 위해서는 검증이 반드시 필요하다. 화학물질이나 약을 인체에 투여했을 때 어떤 부작용이 나올지 예측하기 어렵기 때문이다. 예를 들어 몬산토의 라운드업이 얼마나 치명적인지 세상에 알려질 수 있었던 것은 쥐를 대상으로 유전자조작 식품을 실험했기 때문이다. 동물실험이 아니라면 유전자조작 식품의 해로움을 어떻게 보여 줄 수 있겠는가? 동물실험을 옹호하는 사람들은 더 쉽고 저렴한 방법이 없다고 주장한다. 반면에 동물실험을 반대하는 쪽에서는 인공 피부나 장기 칩 등 새로운 대안을 제시한다. 우선 인공 피부를 이용하여 화장품 원료가 피부에 자극적인 영향을 미치는지 확인할 수 있다. 의료 분야에서는 장기 칩으로 동물실험을 대신하고 있다. 장기 칩은 살아 있는 세포와 전자회로를 결합한 것으로 인공적인 폐나 간이나 심장인 셈이다. 다만 장기 칩은 동물실험보다 신뢰성이 떨어지는 데다 시간이 오래 걸리고 비용이 많이 든다는 단점이 있다. 인간을 위한 동물실험을 계속해야 할까, 멈춰야 할까?

다 눈물이 적어서 좀 더 정확한 실험 결과를 얻을 수 있거든요. 실험을 진행하는 동안 토끼는 시야가 흐려지고 진물이 흐르는 등 고통을 겪지만 아무런 치료도 받지 못합니다. 목이 고정된 채 실험을 당하는 토끼 중에는 고통스러워 몸부림을 치다 목뼈가 부러져 죽는 토끼도 있습니다. 토끼뿐만이 아니라 기니피그, 개, 고양이 등 다양한 동물이 해마다 약 1억 마리씩 동물실험에 사용됩니다.

리핑 버니

요즘 화장품 용기에서 리핑 버니(Leaping Bunny, 뛰어오르는 토끼) 마크를 종종 발견할 수 있습니다. 뛰어오르는 토끼를 형상화한 리핑 버니는 화장품과 치약, 세제 등을 만드는 과정에서 동물실험을 거치지 않았음을 인증하는 국제적인 마크입니다. 소비자들은 리핑 버니 마크가 붙은 제품을 사용하는 것만으로도 좋은 일에 동참하는 셈입니다. 실험으로 고통받는 동물이 한 마리라

▌ 동물실험을 하지 않았다는 인증 마크.

서울대 소비 트렌드 분석 센터에서는 2018년 대한민국 소비 트렌드 중 하나로 미닝아웃을 꼽았다. 미닝아웃은 신념을 뜻하는 미닝(meaning)과 '벽장 속에서 나오다'의 뜻인 커밍아웃(coming out)이 결합된 단어이다. 자기만의 취향과 사회적 신념 등을 소비 행위를 통해 적극적으로 나타내는 현상을 뜻한다. 주로 SNS의 해시태그 기능을 사용하여 자신의 신념을 드러낸다.

▎ #에코퍼백 #모피 반대 #윤리적 소비

도 줄어들 테니까요. 리핑 버니 마크가 붙은 제품의 판매량은 꾸준히 늘어나고 있습니다.

미국 유기농 화장품 업체인 닥터브로너스는 동물실험을 하지 않으므로 모든 제품에 리핑 버니 마크를 붙입니다. 중국에서 수입 화장품에 대해 동물실험을 요구하자 닥터브로너스는 중국 진출을 포기했습니다. 그런데도 닥터브로너스의 매출은 꾸준히 늘어나 1998년 400만 달러에서 2017년 1억 1,100만 달러로 급성장했습니다. 소비자들이 닥터브로너스의 고집스러운 철학을 지지하고 응원했기 때문입니다. 반면에 프랑스 화장품 업체인 나스는 소비자로부터 외면을 당하고 쓴소리를 들어야 했습니다. 동물실험을 반대하던 나스가 중국 진출을 위해 2018년부터 동물실험을 강행하기로 결정했거든요. 수많은 소비자가 나스의 동물실험을 비난하며 불매운동을 벌이겠다고 으름

장을 놓았습니다. 나스는 동물실험을 최소화하겠다고 약속했지만 소비자의 비판은 가라앉지 않았습니다.

죽음의 덫

우리나라에서 횟감으로 사용하는 참치 소비량은 세계 1위입니다. 참치 통조림 소비량은 아시아 1위이고요. 사실 참치는 몸무게가 소의 두 배에 이르는 데다 먹이를 향하여 무려 시속 160킬로미터로 쫓아가기 때문에 바다의 무법자로 불립니다. 어부들은 그렇게 날쌔고 힘센 참치들을 어떻게 잡을까요? 바로 죽음의 덫이라고 부르는 집어 장치를 이용합니다. 집어 장치는 더 많은 생선을 빨리 잡기 위해 만들어 낸 도구입니다. 여기저기 흩어져 있는 물고기 떼를 한곳에 모아주는 역할을 하거든요. 참치 잡이 원양어선은 집어 장치로 참치들이 모여들면 길이가 2킬로미터에 이르는 거대한 그물을 던집니다. 면적이 축구장 60개를 합친 크기라서 다 자란 참치뿐만 아니라 어린 참치와 돌고래와 바다거북과 가오리와 상어까지 그물에 걸리고 말지요. 그렇다면 참치를 제외한 바다 생물들은 어떻게 될까요? 우선 상어는 지느러미만 자른

전문가 의견

참치 통조림 안에는 참치뿐만 아니라 영화 〈니모를 찾아서〉에 등장하는 바다 생물이 거의 모두 담겨있다.

– 찰스 클로버 영국의 환경 전문 저널리스트

뒤 바다로 돌려보냅니다. 지느러미가 고급 요리인 샥스핀의 재료로 사용되기 때문이죠. 그런데 지느러미가 잘린 상어는 헤엄치지 못하기 때문에 다른 포식자에게 잡아먹히거나 가라앉아 죽음을 맞이합니다. 다른 물고기나 고래는 숨진 상태로 바다에 버려지지요. 이런 방식으로 희생당하는 바다거북과 돌고래와 상어가 매년 수백만 마리에 이릅니다. 그린피스에 따르면 집어 장치를 사용해 통조림 열 개에 해당하는 참치를 잡을 때마다 통조림 하나 분량의 바다 생물이 희생된다고 합니다.

지속 가능한 참치 통조림

환경 단체인 그린피스는 2004년부터 참치 살리기 운동을 시작했습니다. 집어 장치의 문제점을 세상에 알리는 한편 해양 생물의 무의미한 죽음에 대해 고발했지요. 소비자들은 그린피스의 활동을 지지하며 목소리를 내기 시작했습니다. 얼마 뒤, 한 마리씩 낚아 올리는 채낚기 방식으로 참치를 잡겠다고 선언한 참치 통조림 제조 업체들이 나타났습니다. 유럽과 미국, 호주의 슈퍼마켓에서는 지속 가능한 참치 어업으로 만든 통조림을 판매하겠다고 약속했지요. 지속 가능한 참치 어업은 멸종 위기의 황다랑어참치나 어린 참치를 보호하는 동시에 집어 장치를 사용하지 않겠다는 뜻입니다. 우리나라의 참치 통조림은 어떨까요? 그린피스는 2012년에 국내 3대 참치 통조림의 지속 가능성을 분석했어요. 그 결과 동원참치와 사조참치와 오뚜기참치는 집어 장치를 통해 참치를 잡는 것으로 밝혀졌지요. 특히 국내 참치 시장의 70퍼센트를 차지하는 동원참치는 가장 낮은 낙제점을 받았습니다. **해양 보호 구역**을 침범하여 멸종 위기의 황다랑어참치를 다량으로 잡아들이는 데다 집어 장치 사용 비율이 높았기 때문입니다.

착한참치

한국에도 지속 가능한 참치 통조림이 있을까요? 14개의 지역 조합으로 이뤄진 행복중심생협은 몰디브에서 수출한 가다랑어로 착한참치라는 참치 통조림을 만들었어요. 몰디브의 지역 주민들은 참치를 잡을 때 낚싯대로 한 마리씩 잡아 올립니다. 죽음의 덫이라는 집어 장치 대신 소규모 조업 방식으로 참치를 잡는 것이지요. 따라서 행복중심생협이 판매하는 참치 통조림은 국내 최초로 해양보존협회 환경보호를 획득했답니다. 행복중심생협의 착한참치는 일반 참치 통조림보다 20퍼센트 정도 높은 가격이지만 소비자들의 만족도는 꽤 높다고 합니다. 앞으로 착한 참치 통조림을 찾는 소비자들이 늘

알아 두기

참치 통조림에는 바다 생물 보호와 환경보호를 인증하는 마크가 붙어있다.

1. 돌핀 세이프(Dolphin Safe): 참치를 잡을 때 돌고래의 안전을 고려했다는 표시다. 참치 주변을 돌고래가 돌아다니므로 참치와 돌고래를 한 그물에 잡게 된다. 따라서 돌고래 보호 환경 단체에서는 돌고래가 없을 때 참치를 잡도록 권하고 있다. 돌핀 세이프는 이 권장 사항을 따랐다는 뜻이다.
2. 패드 프리(FAD free): 집어 장치가 아닌 채낚기로 잡은 참치라는 뜻이다.
3. 해양보존협회 환경보호(MSC): 어장을 효과적으로 관리하는 곳에서 수산물을 잡았다는 표시다. 세계 수산물 중 10퍼센트가 MCS의 인증을 받는다.

어나면 국내 3대 참치 통조림 회사에서도 지속 가능한 참치 어업이나 채낚기 방식을 고려하겠지요.

간추려 보기

- 동물이 물건처럼 소비되고 있다. 음식뿐만 아니라 옷과 신발과 약재로 사용되는 데다 해마다 약 1억 마리의 동물들이 실험에 동원되어 잔인하게 학대받는다. 사향고양이와 밍크는 사람들의 이기심과 허영심 때문에 끔찍한 고통을 겪고 있다. 윤리적 소비자는 동물을 위해 에코퍼와 리핑 버니 마크 제품을 사용한다.
- 공장식 밀집 사육으로 소와 돼지와 닭은 열악한 환경에서 스트레스를 받으며 살아간다. 소비자들은 가축을 좀 더 넓은 곳에서 자유롭게 기르는 동물 복지 농장의 축산물을 요구한다. 그에 따라 동물 복지를 인증한 양계장과 양돈장의 숫자가 증가하는 추세다.
- 집어 장치로 참치를 잡으면 바다거북이나 돌고래까지 그물에 걸려 목숨을 잃는다. 환경 단체인 그린피스가 참치 살리기 캠페인을 실시한 이후로 착한참치 통조림이 등장했다.

환경을 위한 윤리적 소비

지구가 몸살을 앓고 있습니다. 곳곳에서 지진이 발생하는가 하면 홍수로 마을 전체가 떠내려갑니다. 지구온난화 때문에 빙하가 녹아내리고 미세 먼지가 심해 숨을 쉬기도 힘들 정도입니다. 강과 바다와 산과 들판이 망가진다면 그 안에 살고 있는 인간과 동식물도 무사하기 어렵습니다. 인간과 동식물이 살기 위해서는 환경을 지켜야 합니다.

중국은 사람들이 방독면과 비슷한 마스크를 착용할 정도로 **미세 먼지**가 심각합니다. 특히 베이징은 미세 먼지로 뒤덮인 날이 셀 수 없을 정도로 많습니다. 그 바람에 베이징을 찾는 해외 관광객들이 줄어드는가 하면 해외 주재원에게 위험수당을 지급하는 외국 회사들도 있습니다. 몇 년 전 베이징 시당국은 미세 먼지의 원인을 폭죽

▌ 미세 먼지로 뒤덮인 서울의 하늘.

과 양고기 꼬치에 돌렸습니다. 야외 폭죽 터트리기를 금지시켰고 연기를 피우며 양고기 꼬치를 굽는 상인에게 벌금을 물렸지요. 허무맹랑한 정책이 아닐 수 없습니다. 그런데 우리나라 정부도 만만치 않았습니다. 2016년에 정부는 미세 먼지의 원인으로 고등어를 지목하여 국민들의 빈축을 샀습니다.

미세 먼지는 납과 카드뮴, 수은, 황이 대부분이라 담배 연기와 비교될 만큼 독성이 치명적입니다. 그런 미세 먼지의 주요 원인은 양고기 꼬치구이나 고등어구이가 아니고 여러 공장에서 배출하는 매연과 자동차의 배기가스에 있습니다. 즉 환경오염의 주범은 무엇보다 기업입니다. 그렇다면 환경을 파괴하고 오염시키는 기업의 행태를 어떻게 막아야 할까요? 무엇보다 정부의 적극적인 규제가 필요하겠지요. 아울러 개개인의 윤리적 소비도 적절한 방안이 될 수 있습니다.

바다를 지키는 방법

1955년, 세계적인 정유 회사 셸은 북해 유전에서 원유를 채굴하다가 시설물이 낡아지자 그냥 바다에 가라앉히기로 결정했어요. 물론 쉬쉬하며 추진한 일이었지요. 마침내 셸이 낡은 시설물을 바다에 폐기하려는데, 환경단체인 그린피스의 활동가들이 해양 감시선을 타고 나타났어요. 그린피스 활동가들은 시설물에 들어있는 원유 찌꺼기 5,500톤이 바다를 오염시킨다며 시설물 폐기를 격렬히 반대했습니다. 20일쯤 지나자 영국 해경이 물대포를 쏘면서 그린피스 활동가를 잡아갔어요. 그러나 그린피스 활동가들의 주장이 신문, 방송을 통해 알려지자 유럽의 시민들이 나서서 셸의 파렴치한 태도를 비난했어요. 더불어 셸 주유소 불매운동을 시작했지요. 얼마 지나지 않아 유럽

주요 도시에서 셸 정유 회사의 석유 판매량은 절반 가까이 뚝 떨어졌답니다. 심지어 일부 소비자들은 셸 주유소에 화염병을 던지며 항의했지요. 결국 셸은 채굴 시설물을 바다에 버리려던 계획을 거둬들이고 소비자들에게 용서를 구했습니다.

깨끗한 물을 지키는 방법

물 1리터로는 코카콜라 1리터를 만들지 못합니다. 원료인 설탕을 재배하고 병을 만들고 콜라를 제조하려면 212리터의 물이 필요합니다. 1999년, 인도의 작은 마을에 코카콜라 공장이 들어섰습니다. 5년이 지나자 마을의 우물은 서서히 말라갔지요. 심지어 곡식에 물을 대지도 못했어요. 공장에서 콜라를 만들고 포장하느라 하루 150만 리터의 물을 쓰는 바람에 지하수가 고갈되어 버린 것입니다. 농민들은 코카콜라 공장 때문에 지하수가 줄어들어 농업용수나 식수가 부족해졌다며 코카콜라를 상대로 소송을 벌였지만 패하고 말았습니다.

성난 인도 국민들은 곳곳에서 코카콜라 불매운동을 시작했어요. 영국의 맨체스터대학의 학생 조합은 인도 농민들에 대한 지지를 선언하며 대학 내에서 코카콜라를 팔지 않겠다고 밝혔지요. 학생들은 코카콜라가 인도나 콜롬비아 등 제3세계에서 인권을 유린하고 환경을 파괴하는 비윤리적인 기업이라고 비난의 목소리를 높였습니다. 맨체스터대학에 이어 옥스퍼드대와 브리스틀대, 미들섹스대 등 여러 대학에서도 코카콜라 불매운동이 일어났습니다. 처음에 코카콜라는 아무 잘못이 없다고 큰소리를 쳤으나 결국 콜라 제조에 사용한 물을 지역에 돌려주기 위해 **코카콜라 에코센터**를 설치하겠다고 발표했습니다. 물 부족의 원인이 코카콜라에 있다는 사실을 공식적으로 인정한 셈입니다.

인도네시아 열대우림을 지키는 방법

팜유는 기름야자나무 열매에서 추출한 식물성기름으로 빵이나 과자, 라면, 초콜릿을 비롯하여 세제와 비누까지 여러 곳에 쓰입니다. 50억 톤에 이르는 팜유를 매년 생산하려다 보니 열대우림을 철저히 파괴시키고 있어요. 야자나무를 심기 위해 울창한 숲을 밀어내기 때문이에요. 전문가들에 따르면 세계 최대 팜유 생산국인 인도네시아에서는 지난 25년 동안 영국 전체와 맞먹는 숲이 파괴되었다는군요. 이런 일이 반복될 경우 20년 후에는 인도네시아와 말레이시아에서 열대우림이 사라지겠지요.

팜유 생산으로 가장 피해를 보는 것은 열대우림에서 살아가는 고릴라입니다. 지난 16년 사이에 고릴라의 수는 절반으로 줄어들었거든요. 인류는 고릴라의 전철을 그대로 밟을지도 모릅니다. 이산화탄소를 빨아들이는 열대우림이 사라지면 지구온난화가 가속되어 인류에게 위기가 닥칠 테니까요.

전문가 의견

100년 된 나무를 자르는 데는 30초 걸리지만 다시 심고 기르기는 어렵다. 나무는 공장에서 만들어지는 것이 아니기 때문이다.

– **최열** 한국의 환경운동가

지구온난화를 걱정하며 저탄소 제품을 사용하는 소비자가 있는가 하면 지구온난화의 위험성을 알면서도 아무거나 구입하는 소비자도 있다. 사실 대다수의 소비자는 환경오염의 심각성을 모르지는 않지만 자가용을 타고 일회용품을 사용한다. 미래에 닥칠 위험을 염려하기 보다는 눈앞의 작은 이익을 좇는 것이다. 영국의 사회학자인 앤서니 기든스는 '기후변화 정치학'이라는 논문에서 사람들은 머리로는 환경을 지켜야 함을 알고 있지만 직접 피부로 느끼기 전까지는 어떠한 정화 행동도 하지 않는다고 밝혔다. 말하자면 많은 사람이 패러독스(역설)에 빠져 있다는 것이다. 환경문제로 지구가 멸망할지도 모르는 상황이지만, 당장의 편리함을 포기할 만큼 환경 파괴 문제가 직접적으로 피부에 와닿지 않기 때문이다. 그렇다고 해서 이것을 마냥 어리석다고 할 수는 없다. 소비에 한해서 이야기하자면, 개인이 윤리적 소비를 실천하는 것과 그것이 환경과 공동체를 변화시키는 것 사이의 간극이 매우 크기 때문이다. 즉 자신의 소비가 변화를 일으킬 수 있는 확률이 극히 낮을 경우, 그것이 비록 비윤리적일지라도 보다 값싼 제품을 구매하는 것이 합리적 판단일 수 있다는 말이다. 이는 윤리적 소비의 현실성과 관련하여 한번 고민해 봐야 할 문제다.

그러나 팜유 생산에 열을 올리는 기업들은 지구온난화 문제 따위는 아랑곳하지 않습니다. 영국의 사회학자인 앤서니 기든스는 사람들이 미래에 닥칠 큰 위험보다는 눈앞의 이익에만 관심을 쏟는다고 꼬집었습니다.

환경단체와 소비자들은 인도네시아 열대우림을 파괴한 주범으로 네슬레를 비롯하여 페레로와 존슨앤드존슨, 켈로그, 펩시코 등을 지목한 뒤 항의와 불매운동을 벌였습니다. 특히 환경단체인 그린피스는 네슬레 킷캣(Kit Kat) 초콜릿 광고를 패러디하여 유튜브에 동영상을 올렸어요. 동영상 속의 남성은 킷캣 포장지에 싸인 오랑우탄의 손가락을 꺼내어 먹다가 입가에 피를 흘립니다. 킷캣에 들어갈 팜유를 생산하느라 인도네시아 삼림이 파괴되어 오랑우탄이 사라진다는 의미였지요. 이 동영상은 24시간 만에 조회 수 10만을 넘겼으며 소비자들은 네슬레의 페이스북 페이지에 수십 만 통의 항의 글을 남겼습니다. 얼마 뒤 네슬레는 인도네시아에서 팜유를 구매하지 않겠다고 선언했습니다. 아울러 지속 가능하며 윤리적인 팜유를 사용하겠다는 약속을 했지요. 지속 가능한 팜유는 삼림 지역을 파괴하지 않고 만든 야자나무 농장의 팜유를 가리킵니다.

온실가스를 줄이는 방법

칠레는 우리나라에서 비행기로만 24시간 이상이 걸릴 정도로 멀리 떨어진 나라입니다. 그렇다면 우리나라의 마트에서 판매하는 칠레 포도는 얼마나 긴 여행을 했을까요? 칠레 농장에서 포도를 트럭에 싣고 항구 근처의 냉장 컨테이너로 옮긴 뒤 태평양을 건너기까지 무려 40일이 걸린다는군요. 거기에서 끝이 아닙니다. 우리나라 항구에서 **통관절차**를 거치고 슈퍼마켓이나 대형 마트처럼 최종 판매지에 도착하려면 10일이 더 지나야합니다. 따라서 우리 식탁에 오른 칠레산 포도는 맛이나 신선도가 떨어질 수밖에 없겠지요. 또 다른 문제는 칠레산 포도를 우리나라까지 운반하는데 엄청난 이산화탄소가 발생한다는 것입니다. 마트에서 별 생각 없이 집어든 수입 식품이 환경에 미치는 영향은 상상 이상입니다.

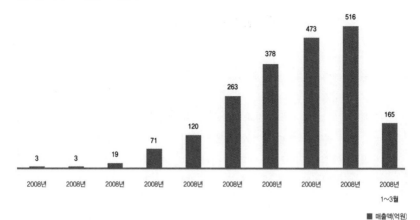

연도별 이마트 로컬푸드 매출액

2008년	2008년	2008년	2008년	2008년	2008년	2008년	2008년	2008년	2008년 1~3월
3	3	19	71	120	263	378	473	516	165

■ 매출액(억원)

▌ 대형 마트에서도 로컬 푸드를 찾는 소비자들이 점차 늘어나고 있다.

전 세계적으로 수입 식품이 늘어나다보니 에너지 소비와 **온실가스** 배출도 덩달아 상승했습니다. 런던시티대학교의 팀 랭 교수는 푸드 마일리지라는

알아 두기

마트에 가면 뉴질랜드산 단호박을 자주 볼 수 있다. 그런데 우리나라 땅 끝 마을인 해남 역시 단호박이 잘 자라는 곳이다. 해남부터 서울까지 단호박 2킬로그램을 400킬로미터 운송한다면 푸드 마일리지는 800톤이 된다. 반면에 뉴질랜드에서 서울까지는 1만 36킬로미터이므로 뉴질랜드산 단호박의 푸드 마일리지는 2만 72톤이 된다. 해남 단호박 대신 뉴질랜드 단호박이 우리 식탁에 오르게 되면 푸드 마일리지는 20배가 높아진다. 단호박이라고 해서 다 같은 것이 아니라는 뜻이다. 두 곳의 단호박이 환경에 미치는 영향은 차이가 크다.

로컬 푸드 식당

일본에서는 고장의 농수산물을 그 지역에서 소비하자는 지산지소(地産地消) 운동이 열풍을 일으키고 있다. 특히 일본의 돗토리현과 시마네현의 경우 농가 식당에서 로컬 푸드의 맛과 재미를 즐길 수 있다. 돗토리현의 식당에서는 숲에서 채취하는 20여 가지의 제철 산나물을 탕이나 절임으로 내놓는다. 또한 아침마다 만드는 두부와 곤약을 비롯하여 연못에서 기른 산천어 꼬치구이를 손님들에게 제공한다. 시마네현의 로컬 푸드 식당에서는 머위와 토마토, 호박꽃 등 지역 채소로 계절마다 다른 20여 가지의 밑반찬을 맛볼 수 있다. 우리나라에도 곳곳에 로컬 푸드 식당이 있다. 부여의 로컬 푸드 식당에서는 직접 재배한 표고버섯으로 전골과 전, 볶음, 묵을 내놓는다. 전북 삼례읍의 식당에서는 호박죽과 시금치나물, 미나리잡채, 녹두묵이 차려진다. 텃밭에서 자란 시금치와 지붕 위에 올라 있던 호박 등 마을 곳곳에서 자란 농산물로 만든 음식이 한 상 가득하다.

개념을 도입했습니다. 생산지에서 소비자의 식탁에 오르기까지 식품의 이동 거리를 수치로 나타낸 것이지요. 우리나라는 식량자급률이 27퍼센트에 불과하여 수입 식품에 많이 의존하다보니 1인당 푸드 마일리지가 세계에서 가장 높은 수준으로 밝혀졌어요. 푸드 마일리지를 줄이려면 지역 농산물을 이용해야 합니다. 우리나라에서는 10여 년 전부터 지역 농산물을 소비하자는 로컬 푸드 운동이 시작되었어요. 그 결과 2013년에 32곳이던 로컬 푸드 직매장은 2017년에 138곳으로 늘어났습니다. 고장의 먹거리를 지역에서 바로 소비하는 로컬 푸드는 농부나 소비자 모두 만족스러울 수밖에 없습니다. 중간 상인을 거치지 않은 직거래이므로 농부는 제값을 받게 되고 소비자는 싱싱하고 안전한 농산물을 먹으니까요.

녹색 소비

녹색 소비는 환경을 먼저 생각하는 소비 활동입니다. 제품의 원료뿐만 아니라 제조와 생산, 유통과정에서 환경오염을 줄인 녹색 제품을 구매하는 행동이지요. 녹색 제품은 표백제나 염료나 향료 등 화학물질의 양이 적으며 재활용과 리필이 가능합니다. 그렇다면 구매하는 물건이 녹색 제품인지 어떻게 알 수 있을까요? 녹색 제품에는 환경과 관련된 표시가 붙어있어요. 그중에서도 친환경 표시와 저탄소 제품 표시가 붙은 제품을 마트에서도 쉽게 찾아볼 수 있답니다. 친환경 표시의 제품은 온실가스 및 환경오염 물질을 비교적 적게 배출했다는 뜻이고요. 저탄소 제품 표시가 붙은 경우는 다른 제품에 비해 탄소 배출량을 줄인 제품입니다. 마트에 진열된 여러 주방 세제 중에서 친환경 표시와 저탄소 제품 표시가 붙은 제품을 구입했다면 녹색 소비를 실천한 셈입니다.

❚ 친환경 표시와 저탄소 제품 표시.

소비자들은 녹색 소비를 실천했다는 것만으로도 기분이 뿌듯할 텐데요. 녹색 소비를 통해 또 다른 혜택도 누릴 수 있습니다. **그린카드**로 친환경 제품을 구입하거나 대중교통을 이용하면 정부와 관련 기업에서 에코머니 포인트를 적립해주기 때문이죠. 적립된 에코머니로는 이동통신 요금과 대중교통 요금 결제나 상품권 교환이 가능합니다.

간추려 보기

- 세계적인 정유 회사 셸이 원유를 채굴하던 낡은 시설물을 북해에 버리려 했다. 소비자들은 깨끗한 바다를 지키기 위해 셸 주유소 불매운동을 벌였다. 매출이 절반으로 떨어지자 셸은 계획을 철회했다.
- 다국적기업들이 제품에 사용하는 팜유 때문에 인도네시아의 열대우림이 파괴되고 있다. 소비자들은 지속 가능한 팜유 생산을 요구하며 불매운동을 벌이고 있다.
- 인도의 어느 마을에서 코카콜라 공장이 물을 지나치게 사용하여 문제가 발생하자 인도는 물론이고 유럽에서 코카콜라 불매운동이 일어났다. 코카콜라 회사는 물을 사용한 만큼 공동체에 돌려주겠다는 약속을 했다.
- 푸드 마일리지는 식품의 생산지에서 소비자의 식탁에 오르기까지 이동거리를 수치로 나타낸 것이다. 머나먼 나라의 수입 농산물은 푸드 마일리지로 인해 이산화탄소 배출량이 높다. 푸드 마일리지를 줄여서 환경을 보호하려면 지역 농산물을 이용해야 한다.
- 녹색 소비는 환경을 우선으로 생각하는 소비다. 소비자들은 친환경 표시와 저탄소 제품 표시의 물건을 구매하며 녹색 소비를 실천한다.

6

CHAPTER

공동체를 위한 윤리적 소비

사회의 구성원으로서 자신의 목소리를 내는 방법은 여러 가지입니다. 광장에서 촛불
을 들거나 청와대 국민 청원을 적극적으로 신청할 수 있지요. 부당하고 답답한 현실
을 조금이라도 바꿔 보려는 행동입니다. 요즘은 윤리적 소비가 또 하나의 사회참여
방식으로 떠오르고 있습니다. 어떤 기업이 인종을 차별하거나 독재 정부를 옹호한다
면 소비자는 불매운동으로 자신의 의사를 전달합니다. 반면에 적극적으로 제품을 구
매하며 기업에 지지를 표시하는 경우도 있습니다.

소비자가 제품이나 서비스를 선택하는 것에 사회적 가치를 담기 시작했습니다. 기업의 사회적 가치가 못마땅한 경우 제품이나 서비스를 불매하는 소비자들이 등장한 것이지요. 2014년 6월 초 이스라엘이 팔레스타인에 무차별 공습을 퍼부었습니다. 표면적인 이유는 이스라엘 정착촌의 청소년들이 팔레스타인 사람에 의해 살해되었다는 것이지만 사실 누가 범행을 저질렀는지 확인되지 않은 상태였습니다. 어쨌든 이스라엘군의 폭격으로 팔레스타인 사망자 수는 2,000명에 이르렀는데 대부분 어린이와 여성을 포함한 민간인이었습니다. 미국과 프랑스, 독일 등 세계 각국에서 이스라엘을 비난하는 시위가 벌어졌습니다. 그리고 이스라엘 기업에 대한 불매운동으로 이어졌지요.

특히 시오니즘 의혹을 받는 기업들이 불매운동 대상으로 지목되었습니다. 시오니즘은 이스라엘의 팔레스타인 강제 점령을 옹호하는 운동입니다. 몇몇 소비자들은 시오니즘을 지지하는 기업들이 이스라엘에 군사 자금을 지원한다고 주장하며 코카콜라와 스타벅스, IBM, 에스티로더, 캘빈클라인 등에 대해 불매운동을 벌였습니다. 특히 팔레스타인 내의 유대인 불법 정착촌에 공장을 세운 소다스트림은 거센 항의를 받았어요. 탄산수 제조기를 만드

▌ 런던 시민들이 이스라엘의 팔레스타인 공습을 반대하는 시위를 하고 있다.

는 소다스트림은 팔레스타인 영토를 강제로 차지한 채 물을 함부로 사용하면서 팔레스타인 주민들을 힘들게 했거든요.

그렇다면 이런 불매운동은 효과를 거두었을까요? 몇 달 뒤 소다스트림은 공장을 이스라엘 땅으로 옮기겠다고 발표했습니다. 이스라엘 상품 불매운동을 벌인 국제 활동가들은 소다스트림이 국제적인 비난을 견디지 못한 채 물러갔다고 밝혔습니다. 당시 이스라엘의 라파드 내무장관은 불매운동으로 이스라엘이 약 5조 9,000억 원의 손실을 입게 될 것이라고 우려했습니다. 네타냐후 총리 역시 불매운동으로 이스라엘에 중대한 문제가 야기될 수 있다고 밝혔어요. 이런 불매운동에 거창한 정치적 의도는 없습니다. 소비자는 그저 팔레스타인 사람들에게 향할지도 모를 이스라엘의 총알을 막고 싶을 뿐입니다. 이스라엘의 팔레스타인 공격에 대한 반대 시위를 벌이는 시위자는 이렇게 말했습니다. "친이스라엘 기업의 제품을 구입하는 행동은 이스라엘의 팔레스타인 공격을 묵인하는 것이다."

네슬레와 아프리카 신생아

1970년대 중반 네슬레는 아프리카에서 분유를 팔기 위해 적극적인 홍보 행사를 벌였습니다. 네슬레 분유에 비타민이 듬뿍 들어서 아기가 건강하고 행복하게 자라난다고 광고하며 토실토실하고 예쁜 아기들을 모델로 보여주었지요. 아울러 모유 수유를 통해 **에이즈**가 감염된다는 엉터리 이론을 내세우면서 아프리카 산모에게 무료로 네슬레 분유를 나눠주었어요. 분유를 팔기 위해 에이즈의 공포를 이용한 셈이지요. 네슬레의 판매 전략은 아프리카의 엄마들에게 잘 먹혀들어 갔습니다. 엄마들이 네슬레에서 무료로 나눠준 분유를 한동안 먹이고 나자 모유가 잘 나오지 않았거든요. 아프리카의 엄마들은 네슬레 분유를 사서 아기에게 먹이기 시작했어요. 분유에 대해 잘 몰랐던 엄마들은 소독되지 않은 젖병에 오염된 물과 분유를 섞어 아기에게 주었습니다. 비싼 분유 값을 아끼려고 아주 묽게 탄 분유를 먹이는 경우도 많답니다. 그 결과 수천 명의 아이들이 전염병과 영양실조로 죽어갔습니다. 그 사실을 알게 된 소비자들이 세계 곳곳에서 네슬레 불매운동을 벌였습니다. 네슬레는 처음에 코웃음을 쳤지만 불매운동이 확산되고 기간이 길어지자 한 발 물러섰습니다. 판매 전략을 수정하겠다고 발표한 것입니다. 그 이후 네슬레는 개발도상국에 분유를 무료로 나눠주던 행사를 중단하고 국제기구의

┃ 네슬레의 분유.

권고안에 따라 모유의 중요성을 강조하는 캠페인을 벌이기 시작했습니다.

삼양라면과 농심라면

지난 2008년 여름에 촛불집회가 우리나라 전 지역에서 일어났어요. 학생들과 시민 들이 이명박 정부의 미국산 소고기 수입 협상에 반대하며 촛불을 들고 거리로 나선 것입니다. 100일 이상 집회가 계속되었는데 6월 10일에는 주최 측 추산 전국 100만여 명이 촛불 대행진을 개최하기도 했답니다. 그런 상황에서 조선일보와 중앙일보, 동아일보 등 보수 언론사들은 촛불집회에 부정적인 기사를 연일 내보냈어요. 그러자 촛불집회를 지지하는 시민들은 신문을 보지 않겠다는 절독 운동을 벌였습니다. 얼마 뒤에 시민들은 몇몇 기업에 연락하여 보수 언론사에는 광고를 싣지 말아달라고 요청했습니다. 그런데 농심이 소비자의 요구를 아랑곳하지 않고 조선일보에 광고를 실었습니다. 시민들의 불만은 보수 언론사에서 농심으로 옮겨 가 농심라면을 불매하기 시작했습니다. 얼마 뒤에는 경쟁사인 삼양라면을 구매하자는 운동으로 번졌지요. 그 결과 70퍼센트를 넘나들던 농심의 라면시장 점유율은 60퍼센트로 떨어졌습니다. 반면에 삼양은 촛불집회 기간 동안 매출이 훌쩍 뛰어올랐습니다. 소비자들은 지갑에서 돈을 꺼내는 개인적 행위가 사회적 가치를 지지하거나 거부하는 행동과 직결된다는 사실을 깨달았습니다.

소비자의 이유 있는 선택

위캔쿠키는 우리 밀, 유기농 설탕, 유정란 등 좋은 재료로 쿠키를 만드는 곳입니다. 시나몬이나 초콜릿 칩 등 외국산을 써야 할 경우에는 공정 무역 거래를 이용합니다. 물론 화학 첨가물과 팽창제를 사용하지 않으므로 안심하고 먹을 수 있어요. 이처럼 정성을 기울였으므로 맛이야 말할 필요도 없겠지요. 이런 몇 가지 사항만으로도 위캔쿠키를 구매할 이유는 충분합니다. 그런데 소비자가 위캔쿠키를 선택하는 이유는 하나 더 있습니다. 위캔쿠키는 지적장애인들이 자부심을 가지고 열심히 일하는 곳입니다. 따라서 위캔쿠키를 선택하는 행동은 단순한 구매 행위를 넘어 장애인에게 일자리를 제공하는 착한 소비에 해당합니다. 2001년에 시작할 당시 위캔쿠키는 단 10명의 지적장애인을 고용했지만 2018년에는 40명으로 늘어났으며 한 해 매출은 15억 원에 이릅니다. 이런 성장의 배경에는 윤리적 소비자의 몫이 컸답니다. 위캔쿠키를 구매하는 소비자들은 사회적 약자도 당당하게 살아갈 수 있는 공동체를 꿈꿉니다. 그래야만 우리의 공동체가 건강하고 행복하다는 것을 알기 때문이지요.

지역 화폐

지역 화폐는 지역공동체에 속한 사람들끼리 주고받는 돈입니다. 자본주의 사회에서 발생하는 많은 문제에 대한 해결책으로 지역 화폐 운동이 시작되었습니다. 현재 영국과 미국, 캐나다를 비롯하여 남미, 아시아 등 전 세계 2,000여 개 이상 지역에서 진행 중인데요. 우리가 흔히 사용하는 돈이나 카드 대신 지역 화폐로 식당이나 미장원이나 병원 등을 이용할 수 있답니다.

처음에는 화폐도 교환의 수단에 불과했습니다. 화폐를 보여주면 그 가치를 인정하고 자신의 물건과 바꾸었지요. 예를 들어 몇십 년 전만 해도 돈은 한 지역에서 돌고 돌았습니다. 신발 가게 주인이 식당에서 음식을 사먹고 돈을 지불하면 식당 주인은 그 돈을 들고 가까운 시장에 가서 채소를 샀어요. 채소 장수는 채소를 팔고 받은 돈으로 신발 가게에 가서 아들에게 줄 운동화를 구입했고요.

요즘은 어떨까요? 어느 나라에서 왔는지도 모를 물건들이 시장과 마트에 넘쳐납니다. 그렇게 수입품이 늘어나면 돈의 흐름이 끊겨서 지역 주민들은 타격을 받게 됩니다. 개중에는 빚을 내서 생활하는 사람들까지 생긴답니다. 자본주의 발달로 돈의 의미가 변하여 부작용이 발생한 것이지요. 지역 화폐는 돈의 기본적인 기능인 교환에 초점을 맞춥니다. 지역 주민들끼리 지역 화폐를 주고받다보면 경제가 살아나서 지역의 자립도 가능해집니다. 무엇보다 돈이 없는 주민도 노동력을 제공하여 필요한 생필품과 서비스를 지역에서 얻을 수 있습니다. 따라서 지역 화폐는 그저 돈이 아니라 마을 사람들을 이어주는 연결 고리입니다. 오늘날 40개국에서 1,500개 이상 사용되고 있는데요. 우리나라의 경우 60개의 지역 화폐가 있으며 2018년에만 열 곳에서 지역 화폐를 새롭게 발행할 예정입니다.

한밭레츠

우리나라에서 가장 오래되고 대표적인 지역 화폐는 대전의 한밭레츠에서 발행한 두루입니다. 1999년에 시작한 한밭레츠는 오늘날 700여 가구의 회원들이 두루를 활용하여 물건과 서비스를 거래하는데요. 대전을 중심으로 20여 개 식당과 병원 등이 가맹점으로 참여하고 있답니다. 한밭레츠의 지역 화폐를 사용하는 일은 그리 어렵지 않습니다. 한밭레츠 홈페이지에 회원으로

사례탐구 *레츠*

1983년 캐나다의 코목스밸리에 위기가 닥쳤다. 지역에 있던 공군기지가 이전하고 목재 산업이 침체하여 마을 전체가 경제적으로 어려워진 것이다. 일자리가 빠르게 사라지면서 다섯 명 중 한 명은 실업자가 되었다. 특히 저소득층은 생계를 걱정할 수준에 이르렀다. 프로그래머로 일하던 마이클 린턴은 궁리 끝에 레츠라는 지역 화폐 시스템을 고안해냈다. 그리고 주민들이 물품과 서비스를 서로 교환할 수 있도록 거래 내역을 컴퓨터에 기록했다. 처음에 주민들은 마이클 린턴의 지역 화폐를 비웃었다. 그러나 일자리를 잃고 집에 머물던 사람들이 하나둘 참여하기 시작하면서 레츠는 힘을 발휘했다. 프랑스어 강습이나 정원 손질이나 아이 돌보기 등이 레츠 회원들 사이에서 해결되었다. 경기 침체로 절망에 빠졌던 마을 사람들은 레츠를 통해 가까운 이웃과 도움을 주고받으며 희망과 보람을 느꼈다. 레츠의 회원 수는 2년 만에 500여 명으로 불어나면서 파탄 직전까지 갔던 코목스밸리는 활기를 띠었다. 레츠는 1990년대에 캐나다와 영국, 호주, 뉴질랜드 등으로 확산되었다.

등록한 뒤 거래 마당에서 물품이나 농산품이나 서비스를 사고 팔 수 있습니다. 혹은 한밭레츠 가맹점으로 등록된 치과에서 치료를 받거나 약국에서 약품을 구매해도 됩니다. 한밭레츠에서 거래되는 제품과 서비스는 모두 두루로 지불되며 모든 거래 내역은 통장에 기록됩니다. 사고 싶은 물품이나 받고 싶은 서비스가 있는데 두루가 없다고요? 걱정할 필요가 없습니다. 나중에 갚으면 되니까요. 그것이 한밭레츠의 두루가 가진 최대의 장점입니다.

공정 여행

공정 여행은 관광지의 자연을 보호하는 한편 현지 주민에게 혜택을 돌려주는 여행입니다. 착한 여행 또는 책임 여행이라고도 불리는데요. 자연과 유적지를 망가뜨리며 놀러 다니는 대신 현지 주민과 어울리며 색다른 경험을 나누자는 뜻에서 시작되었어요. '어디로'가 아니라 '어떻게'를 중요하게 여기는 여행이지요. 1980년대 유럽 일부 국가와 미국의 여행자들이 처음으로 시도했으며 우리나라에서는 2009년 초에 공정 여행 1호 상품이 판매되어 중국 윈난 성 소수민족을 찾아갔습니다.

유명한 관광지는 여행자들이 워낙 몰리다보니 유적지가 파손되고 자연이 오염되기 일쑤입니다. 관광 수입이 늘어난다지만 수익은 대기업이나 다른 지역의 투자자가 몽땅 가져가지요. 관광객들이 이용하는 숙박 시설과 식당, 쇼핑센터 등은 거의 다 기업의 소유이니까요. 관광지의 주민은 쓰레기와 소음 등 온갖 불편만 겪을 뿐 이익을 얻지 못합니다. 관광객 역시 불만이 없지 않습니다. 관광지가 워낙 상품화되어서 고장의 특색을 제대로 느끼기 어렵거든요. 호텔에서 잠을 자고 레스토랑에서 식사를 하며 쇼핑센터를 다니다

▌ 중국 현지 주민이 운영하는 게스트 하우스에서 공정 여행 중인 여행자가 마을 주민들과 함께 식사를 하는 모습.

보면 이국적인 정취를 느낄 틈이 없답니다. 또한 관광객을 상대하는 직원들만 마주칠 뿐 현지 주민과 말 한마디 나누지 못하고 관광지를 떠날 때가 허다하지요.

반면에 공정 여행에서는 현지 주민이 제공하는 숙소와 음식을 접하게 됩니다. 현지 주민의 삶 속으로 들어가는 색다른 경험을 하는 것이지요. 또한 상품화된 관광지가 아니기 때문에 그 고장만의 소박한 경치를 여유롭게 즐길 수 있습니다. 무엇보다 여행객이 사용하는 경비는 마을의 발전에 직접적인 도움을 준답니다. 주민들이 관광 가이드나 운전사나 요리사 등의 일자리를 얻기 때문이지요. 공정 여행이 활성화된 마을에는 도서관이나 새로운 우물이 생겨나기도 합니다.

라오스 공정 여행

몇 년 전 유명한 연예인 세 명이 TV 예능 프로그램에서 적은 돈으로 라오스를 여행했어요. 세 명의 청년들이 낯선 나라를 여행하며 겪는 소소한 이야기는 금세 사람들의 관심을 끌어서 라오스는 인기 여행지로 떠올랐답니다. 여행사들은 라오스 여행 상품을 재빠르게 쏟아냈어요. 대형 여행사들이 내놓은 라오스 **패키지여행 상품**은 일정이 거의 비슷했지요. 호텔에서 5일 정도 머무는 동안 유명한 사원을 들르고 쏭강에서 보트를 탄 뒤 쇼핑센터를 방문합니다. 또한 코끼리의 등에 올라탄 채 숲과 강을 돌아다니기도 하지요. 아침부터 저녁까지 여행사의 버스를 타고 다니며 수박 겉핥기식으로 라오스를 구경하게 됩니다. 식사는 물론 호텔 식당이나 뷔페식당, 대형 음식점을 이용합니다.

알아 두기

여행지의 코끼리들은 어떻게 그처럼 고분고분 사람들을 태우고 다닐까? 아기 코끼리들은 어미와 떨어지자마자 네 발과 몸통을 꽁꽁 묶인 채 좁은 틀에 갇힌다. 그리고 밤낮없이 매질을 당하면서 쇠꼬챙이로 귀와 코와 머리 등 예민한 부분을 찔린다. 아기 코끼리들은 결국 피를 철철 흘리며 의식을 잃게 된다. 그런 과정에서 절반 정도의 코끼리가 목숨을 잃는다. 살아남은 코끼리는 인간의 명령을 따를 때까지 다시 훈련을 받는다. 여행객이 올라 탄 코끼리는 그렇게 길들여진 것이다. 코끼리뿐만이 아니다. 호랑이와 곰, 말, 돌고래, 원숭이 등 수많은 동물이 여행 상품에 포함되어 고통 받고 있다.

▌ 우리는 공정 여행을 통해 현지의 정취를 그대로 느낄 수 있다.

　반면에 공정 여행사에서 청소년을 대상으로 판매하는 라오스 공정 여행
은 아주 색다릅니다. 라오스의 현지 주민 마을에 숙소를 정하고 그곳의 어
린이들과 어울려 영어를 배우거나 놀이를 즐깁니다. 유기농 채소를 기르는
지속 가능한 농장과 해외 자원봉사자들이 운영하는 봉사 단체 방문도 일정
에 들어있습니다. 또한 현지 주민의 안내로 시장을 둘러보면서 평범한 사람
들의 삶을 직접 확인하지요. 공정 여행사는 소비에 열중하는 여행보다 관계
를 맺는 여행을 강조합니다. 동물 학대나 노동 착취 등의 프로그램에 참여
하지 않으며 지역의 특산물 구입을 권장합니다. 나만 즐거운 여행이 아니라
함께 즐거운 여행이 공정 여행의 목적입니다.

우리나라의 공정 여행

우리나라의 대표적인 공정 여행사는 트래블러스맵입니다. 2009년 1월에 인증을 받은 사회적 기업인 트래블러스맵은 수익의 90퍼센트를 지역사회에 돌려주고 10퍼센트는 환경 단체에 기부합니다. 현지 주민을 가이드로 고용하며 현지 주민이 운영하는 숙소와 식당을 이용하지요. 또한 열 명의 사람이 여행을 떠날 때마다 한 명의 소외 계층 아이들에게 교육과 여행 기회를 제공한답니다. 동유럽과 아시아 등 해외뿐만 아니라 서울과 대전, 전주, 제주도 등 국내에서도 공정 여행을 진행하는데요. 남쪽의 청산도에서 보내는 공정 여행은 특히 여행객들의 많은 호응을 받았어요. 청산도를 천천히 돌며 해안

알아두기

공정 여행 10계명
1. 현지인이 운영하는 숙소와 음식점, 교통편, 여행사를 이용한다.
2. 멸종 위기의 동식물로 만든 조개나 산호, 상아 등의 기념품을 사지 않는다.
3. 동물을 학대하는 쇼나 트래킹에 참여하지 않는다.
4. 지구온난화를 부추기는 비행기 이용을 줄이고, 전기와 물을 아껴 쓴다.
5. 공정 무역 제품을 이용한다. 지나치게 가격을 깎지 않는다.
6. 현지의 인사말과 노래, 춤을 배워 본다.
7. 여행지의 생활 방식과 종교를 존중하고 예의를 갖춘다.
8. 여행 경비의 1%는 현지의 단체에 기부한다.
9. 현지인과 나눈 약속을 지킨다.
10. 내 여행의 기억을 기록하고 공유한다.

의 절경과 세계 농업 유산인 **구들장 논**을 여유롭게 구경한 뒤에 현지의 주민들이 제공하는 지역 특산물 위주의 식사를 맛보는 여행입니다.

간추려 보기

- 사회적 가치를 기준으로 제품을 구매하는 소비자들이 등장했다. 즉 비윤리적이라고 판단한 기업의 제품을 불매하거나 올바른 가치를 지닌 기업의 제품을 적극 구매한다.
- 소비자들은 네슬레나 코카콜라 등 다국적기업의 부당한 횡포를 막기 위한 방법으로 불매운동을 벌인다. 또한 사회적 기업처럼 사회를 위해 노력하는 기업을 응원하기 위해 적극적인 구매 활동을 펼치기도 한다.
- 지역 화폐는 지역공동체에 속한 사람들끼리 사용하는 돈이다. 지역 경제를 살리고 자립적인 경제 환경을 만들어준다.
- 공정 여행은 여행지의 환경을 보호하고 현지 주민의 경제에 보탬이 되는 여행이다. 공정 여행을 통해 소비자는 상업적이지 않은 여행을 경험하며 현지 주민은 일자리를 얻게 된다.

윤리적 소비의 힘

오늘날 소비자는 달라지고 있습니다. 공동체와 환경을 생각하며 제품을 구매하거나 불매합니다. 헐값이 아니라 제값을 지불하려고 노력합니다. 기업은 그런 소비자의 움직임에 촉각을 곤두세우고 민감하게 반응할 수밖에 없습니다. 소비자의 힘이 커졌기 때문입니다. 윤리적 소비는 개개인의 착한 소비생활을 넘어 기업에 변화와 행동을 요구하는 적극적인 사회참여입니다.

일본의 오키나와로 가면 무려 16미터 길이의 혹등고래를 바다에서 볼 수 있습니다. 그렇다고 아무 때나 혹등고래를 만나지는 못합니다. 혹등고래가 1월에서 3월 초까지만 오키나와 바다에 머물기 때문이지요. 게다가 그 시기에 배를 타고 바다에서 몇 시간을 기다린다고 해도 혹등고래를 본다는 보장은 없습니다. 사람들 앞에 모습을 드러내느냐 아니냐는 혹등고래의 자유니까요. 아무런 예고도 없이 혹등고래가 불쑥 나타나면 사람들은 놀라움과 반가움에 환성을 지를 수밖에 없습니다. 혹등고래가 높이 치솟았다가 바다로 풍덩 떨어지기라도 하면 사람들의 함성이 뱃전을 뒤덮는답니다.

바다를 유유히 헤엄치는 혹등고래는 아무 근심도 없어 보입니다. 롯데월드의 벨루가들을 비롯해 관람용 돌고래들도 바다로 돌아가 자유롭고 행복하게 살면 좋겠습니다. 그러나 돈벌이가 되는 돌고래를 선뜻 풀어줄 기업은 없습니다. 그저 윤리적 소비자들이 돌고래 쇼를 거부하고 롯데월드 아쿠아리움 관람을 자제하면서 기업에 경종을 울려야 합니다. 납치된 채 엄마 곁을 떠나 쓸쓸히 수족관을 돌아다니는 벨루가나 돌고래가 더 이상 늘어나서는 안 되니까요.

소비자가 바뀌다

지난 20여 년 동안 소비자들의 윤리 의식이 급격히 상승했습니다. 윤리적인 제품을 구입하려는 소비자가 세계 곳곳에서 늘어나고 있거든요. 우리나라 역시 수백만 명의 소비자가 전에 없던 까다로운 기준으로 상품을 고릅니다. 생산자들에게 제값을 치르는지, 환경을 파괴하지 않는지, 동물을 학대한 적은 없는지 꼼꼼히 따지는 것이지요.

특히 젊은이들의 윤리적 소비에 대한 생각은 꽤 바람직합니다. 2015년 〈대학생 가치 조사〉에서 친환경 제품이나 **사회적 기업**에 대한 대학생들의 의식을 살펴보았습니다. 전국 300여 명의 대학생에게 설문 조사를 했는데 많은 학생들이 높은 수준의 소비 의식을 보여 주었습니다. 약 77퍼센트에 이르는 대학생들이 좀 더 비싸더라도 친환경 제품이나 사회적 기업의 제품을 구입하겠다는 의사를 밝혔거든요.

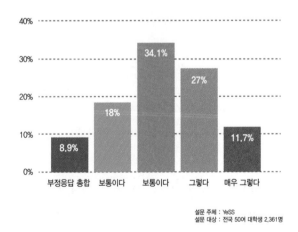

설문 주체 : YeSS
설문 대상 : 전국 50여 대학생 2,361명

▎친환경 제품과 사회적 기업에 대한 대학생의 가치 조사.

윤리적 소비가 필요한 이유

세계경제에서 **자유무역**이 점차 확산되면서 세계는 하나의 거대한 시장이 되었습니다. 기업의 입장에서는 엄청나게 많은 물건을 팔 수 있는 기회를 얻은 셈입니다. 대신 조금이라도 값이 싸야 경쟁력이 생기므로 기업마다 어떻게든 인건비와 재료비를 줄이려고 안간힘을 씁니다. 그런 과정에서 노동력 착취나 환경 파괴나 동물 학대의 문제가 떠올랐습니다. 맥도널드 햄버거나 델몬트 바나나나 H&M의 셔츠가 싼 데는 다 이유가 있었습니다.

공정 무역은 다국적기업의 횡포를 막을 수 있는 방법입니다. 예를 들어 소규모의 카카오 농가와 공정 무역 업체가 중간 거래 업체 없이 직접 거래하는 것이지요. 카카오나 커피를 재배하는 농부 입장에서는 제값을 받고 농산물을 팔 수 있으니 죽도록 일하지 않아도 됩니다. 그렇다고 공정 무역으로 커피나 카카오 재배 농가만 이득을 얻고 소비자는 금전적인 손해를 보는 것은 아닙니다. 공정 무역 제품은 일반 제품에 비해 농약이나 제초제의 사용량이 훨씬 적습니다. 물론 유전자조작 농산물도 포함하지 않으니 소비자는 안전하고 건강한 식품을 먹을 수 있습니다. 이처럼 윤리적 소비는 생산자뿐만 아니라 소비자에게도 이익입니다.

초콜릿에 감춰진 이야기

마트에서 대기업의 상표를 달고 있는 초콜릿은 착한 초콜릿일까요? 아쉽지만 그렇지 못합니다. 달콤하고 쌉쌀한 초콜릿 속에는 카카오 농부들의 고통스러운 삶이 녹아 있습니다. 2014년 기준 카카오의 전 세계 수출액은 우리나라 돈으로 12조 원에 이르지만 생산의 90퍼센트를 책임지고 있는 영세농

들은 극심한 가난에 시달리고 있습니다. 네슬레 같은 다국적기업이 가격을 후려쳐서 카카오를 구입하기 때문이지요. 더구나 카카오 생산 농가는 온 가족이 농장 일에 매달릴 때가 많습니다. 아이들의 손까지 빌려야만 입에 풀칠이라도 할 수 있거든요. 카카오 농장에서는 고작 다섯 살짜리 아이도 무거운 짐을 나르고 살충제를 뿌립니다. 초콜릿에 들어가는 팜유도 비윤리적인 방식으로 생산할 때가 많습니다. 팜유를 생산하는 야자나무 농장을 만들기 위해 인도네시아의 열대우림을 파괴하니까요. 게다가 유전자조작 농산물이라도 들어있다면 더더욱 착한 초콜릿이라고 할 수 없겠지요.

윤리적 소비를 생각한다면 초콜릿을 구입하지 말아야 할까요? 다행히도 공정한 거래로 저개발국 생산자에게 희망을 주는 착한 초콜릿이 있습니다. 베트남에서 생산한 마루초콜릿을 비롯하여 페루의 농부들이 정성을 기울인 이퀄초콜릿, 가나의 카카오 농부들이 조합을 결성해서 만든 디바인초콜릿까지 다양한 공정 무역 초콜릿을 대형 마트에서도 만날 수 있습니다.

윤리적 소비의 성과

옥시는 세탁 표백제 옥시크린과 제습제 물먹는하마를 생산한 기업입니다. 한때 옥시크린은 '빨래끝'이라는 유행어를 낳으며 표백제 부문 매출의 95퍼센트를 차지했습니다. 물먹는하마는 제습제 시장에서 1위로 올라섰고요. 그러던 어느 날 가습기 살균제로 인해 폐가 손상된 피해자가 하나둘 생기면서 정부 차원의 조사가 시작되었습니다. 3년에 걸친 조사 끝에 폐 손상의 원

집중탐구 옥시

옥시는 영국의 종합 생활용품 업체인 레킷벤키저의 한국 현지법인이다. 1997년에 옥시에서 생산한 가습기 살균제로 인해 사망 사건이 잇달아 발생했는데 2011년이 되어서야 그런 사실이 세상에 알려지기 시작했다. 얼마 뒤 보건복지부에서 가습기 살균제의 독성을 확인하고 제품의 판매를 중단시켰으나 옥시는 그저 몇천만 원의 과징금을 내는 것으로 일을 매듭지으려고 했다. 2013년에 소비자들이 옥시를 상대로 민형사 소송을 시작하며 정부 차원의 피해자 조사가 이뤄졌다. 소송이 진행되는 과정에서도 옥시는 가습기 살균제와 폐질환은 상관이 없다고 발뺌을 했다. 또한 이를 뒷받침하기 위해 서울대학교의 연구진이 작성한 연구 보고서를 제시했는데 결국 조작으로 밝혀졌다. 즉 옥시는 다국적기업의 지위와 돈을 이용하여 자신들의 무죄를 주장하는데 힘을 썼을 뿐 사건에 대한 반성이나 피해자에 대한 사과는 전혀 없었다. 그러다가 2016년에 옥시의 전 대표가 구속되고서야 겨우 공식 사과의 말을 내놓았다. 2018년에 한국환경산업기술원은 가습기 살균제 피해신고 접수자가 6,011명으로 늘어났으며 그중에서 사망자는 1,321명이라는 공식 집계를 발표했다. 옥시라는 이름으로 악행을 저지른 레킷벤키저는 지금도 연 매출 14조를 올리며 200여 개 국가에서 생활용품과 의약품을 판매하고 있다.

인이 몇몇 가습기 살균제에 있으며 그중에서도 옥시의 책임이 가장 크다는 사실이 밝혀졌지요. 2016년에 환경보건시민센터는 가습기 살균제 피해 신고가 3,698명이고 이 중 사망신고는 701명이라고 발표했습니다. 그런데 이처럼 엄청난 사건의 주역인 옥시는 뻔뻔하고 당당했습니다. 사건을 축소하느라 급급했을 뿐 피해자의 고통에 대해서는 나 몰라라 식이었지요.

이런 사실을 알게 된 소비자들은 분노했습니다. 2016년, 전국적으로 옥시 제품 불매운동이 일어났습니다. 옥시 제품을 판매하고 있는 마트나 백화점에도 항의 전화가 빗발쳤답니다. 몇 달 뒤 백화점과 대형 마트는 모두 옥시 제품을 거둬들였지요. 옥시는 제품의 판매량이 급격히 줄어들자 2017년에 세탁 세제와 섬유 유연제 등 생활용품 생산 공장을 폐쇄했습니다. 한때 생활용품의 대명사였던 옥시는 소비자 불매운동을 버티지 못하고 물러난 것입니다. 소비자들이 적극적으로 나서지 않았으면 옥시는 대형 마트나 동네 가게에서 여전히 생활용품을 팔고 있겠지요. 결국 부도덕한 기업에 철퇴를 가한 것은 정부나 사법기관이 아니라 소비자들이었습니다. 최근에 옥시는 이름을 RB코리아로 바꾸고 개비스콘과 스트랩실 등 의약품을 판매하고 있어요. 이에 소비자들은 인터넷과 SNS에 옥시 의약품 목록을 공유하며 옥시 제품 불매운동을 계속 이어가고 있습니다.

소비자의 힘

국민들은 투표를 통해 나랏일 할 일꾼을 뽑습니다. 좋은 일꾼을 뽑으려면 투표의 참여율이 높아야겠지요. 소비는 투표와 같습니다. 소비를 통해 좋은 기업을 성장시키거나 나쁜 기업을 몰아낼 수 있으니까요. 저탄소 제품 표시가 붙은 음료수를 사는 것은 환경보호를 위한 투표이고요. 리핑 버니 표시가 붙은 샴푸를 사는 것은 동물 보호를 위한 투표겠지요. 공정 무역 초콜릿은 인권을 위한 투표입니다. 옥시 제품을 사지 않는 것 역시 공동체를 위한 투표랍니다.

윤리적 소비를 실천할 수 있는 방법은 무척 많습니다. 어쩌면 너무 많다 보니 어디까지 실천해야 할지 고민스러울 수도 있습니다. 사실 혼자서 백 가지 방법으로 윤리적 소비를 실천하기란 어렵습니다. 그보다는 백 명이 한 가지씩 윤리적 소비를 실천하는 편이 좀 더 쉽고 효율적이겠지요. 각종 연구 자료에 따르면 전체 소비자의 3퍼센트만 목소리를 내도 기업이 귀를 기울인다고 합니다.

달걀의 생산량만 늘리려던 축산업자가 동물 복지에 관심을 기울이겠다고 약속했습니다. 매출과 수익을 최우선으로 삼던 초콜릿 회사가 지속 가능한 팜유를 도입하겠다고 선언했고요. 기업으로서는 소비자의 빗발치는 요구를 외면할 수 없었기 때문이죠. 물론 친환경 세계를 하나 구입했다고 강물이 당장 깨끗해지지는 않겠지요. 그러나 초조해 하거나 실망할 필요는 없습니다. 윤리적 소비는 거창한 운동이라기보다는 소소한 일상이니까요. 장바구니에 윤리적 상품을 하나씩 늘려가는 것만으로도 충분합니다.

용어 설명

다국적기업 세계 각지에 지사나 공장 등을 확보하고 생산 및 판매 활동을 국제적 규모로 수행하는 기업.

지구온난화 곳곳의 환경이 파괴되면서 지구의 평균 온도가 상승하는 현상이다. 바다와 강의 생태계가 변화하거나 해수면이 올라가서 해안선이 달라지는 등 기온이 올라감에 따라 발생하는 문제를 포함하기도 한다.

남북전쟁 1861년에서 1865년까지 미국에서 노예제도를 둘러싸고 남부 11개 주와 북부 연방 정부 사이에서 일어난 전쟁.

제3세계 일반적으로 선진 자본주의 제국을 제1세계, 소련 동구의 사회주의 제국을 제2세계, 개발도상국을 제3세계라 한다.

제초제 잡초를 제거할 때 사용하는 화학 약제이다.

중개업자 물건의 매매 행위를 대신해주거나 생산자와 소비자를 중개하여 수수료를 받는 사람.

절대 빈곤 의식주 등 생존을 위한 기본적인 욕구가 충족되지 못하는 상태를 가리킨다. 국제 사회에서는 하루에 1.25 달러 이하의 소득으로 생활하는 사람들을 절대적 빈곤층으로 구분한다.

구제역 소나 돼지, 양, 사슴 등 발굽이 둘로 갈라진 동물에게 퍼지는 전염병이다. 매우 빠르게 번지기 때문에 축산 농가에 큰 피해를 끼친다. 치사율은 최고 55퍼센트에 이른다.

카페인 중독 카페인의 과다한 섭취로 인한 우울증이나 불안증과 같은 다양한 정신 이상 증상.

발기부전 치료제 남성 성기능 장애의 하나인 발기부전을 치료하는 약제.

해양 보호 구역 어업이나 광물의 채굴, 폐기물 투기 등 모든 파괴적인 활동이 금지된 구역이다. 육상의 국립공원과 비슷한 개념이다.

미세 먼지 지름이 10마이크로미터 이하의 먼지이다. 자동차나 공장에서 주로 배출된다. 오랫동안 미세 먼지에 노출되면 면역력이 급격히 저하되어 호흡기 질환을 비롯하여 심혈관 질환, 피부질환 등 각종 질병에 노출되기 쉽다.

코카콜라 에코센터 더러운 물을 정화하는 정수 시스템이다. 태양에너지를 이용해 물을 가열한 후 슬링샷이라는 기술로 안전한 식수를 만든다. 2017년까지 전 세계에 105곳이 설립되었다.

통관절차 국경을 통과하는 화물을 허가하기 위한 세관의 검사 절차. 수입 과일의 경우 병충해를 전파할 우려가 있으므로 식물 검역 절차까지 거쳐야한다.

온실가스 지구온난화를 일으키는 원인이 되는 대기 중의 가스 형태.

에이즈 면역결핍 바이러스에 감염되어 면역 세포가 파괴되면서 인체의 면역력이 떨어지는 감염성 질환.

그린카드 온 국민의 녹색 생활과 녹색 소비를 지원하고 기후변화에 대응하기 위해 2011년 7월 환경부에서 도입한 신용카드. 그린카드로 친환경 인증 제품이나 저탄소 인증 제품을 구입하면 최고 5퍼센트의 포인트를 적립해 주는 것이 특징이다. 또한 버스나 지하철을 이용해도 포인트가 적립되며 국립공원 및 휴양림 등 153개 공공시설 이용 시에도 이 포인트를 활용할 수 있다.

패키지여행 상품 여행사가 항공과 숙박, 여행지 등 모든 일정과 장소를 정해놓으면 여행객은 정해진 일정대로 움직이는 여행 상품.

구들장 논 온돌방의 구들장처럼 돌로 구들을 만들고 그 위에 흙을 쌓아 논을 만든다. 돌이 많아 물이 고이지 않는 섬의 특성을 보완하기 위해 만들어진 것이다.

자유무역 국가가 외국과의 무역을 간섭하거나 보호하지 않고 개인의 자유에 맡기는 무역형태. 그 결과 선진국의 공산품은 지나치게 비싼 가격에, 개발도상국의 농산품은 헐값에 교환된다. 선진국과 개발도상국은 경제력이나 생산력에 크게 차이가 있으므로 동일한 조건으로 이뤄지는 무역은 개발도상국에게 불리하게 작용할 수밖에 없다.

사회적 기업 비영리 조직과 영리기업의 중간 형태로 사회적 목적을 추구하면서 영업 활동을 수행하는 기업. 일반 기업은 이윤 추구가 목적이지만 사회적 기업은 취약 계층에게 일자리를 제공하여 지역 주민의 삶의 질을 높이는 사회적 목적을 추구한다.

연표

1791년   영국에서 노예무역을 반대하며 설탕거부운동
이 펼쳐졌다.

1844년   영국 랭커셔의 로치데일 방적 공장에서 노동자 28명이 최초의 소비자
협동조합인 공정선구자조합을 결성했다.

1920년   조선에서 최초의 자발적 협동조합인 경성소비조합이 설립되었다.

1958년   영국의 빈민 구호단체인 옥스팜이 동유럽과 중국 난민들의 수공예품
을 판매하면서 공정 무역이 시작되었다.

1964년   최초의 공정 무역 기구인 옥스팜 트레이딩이 설립되었다.

1983년   캐나다의 코목스밸리에서 마이클 린턴이 지역 화폐 체계인 레츠를 처음
으로 고안해냈다.

1988년   네덜란드 커피 시장에 첫 공정 무역 커피인 막스 하벌라르가 선을 보
였다.

1989년   영국의 소비자단체 Ethical Consumer(윤리적 소비자)에서 발간한 잡지
에서 윤리적 소비라는 용어가 처음 등장했다.

1991년	우리밀살리기운동본부가 설립되어 우리 밀을 본격적으로 생산했다.
1992년	우리나라에 친환경 농산물에 대한 인증 제도가 도입되었다.
1997년	17개국이 참여한 가운데 국제 공정 무역 상표 기구가 창립되었다.
1999년	대전의 한밭레츠에서 두루라는 공동체 화폐를 처음으로 선보였다.
2001년	세계 최초의 공정 여행사인 리스폰서블트래블이 영국에서 설립되었다.
2002년	우리나라에서 아름다운가게가 처음으로 수공예품을 공정 무역으로 수입했다.
2004년	환경 단체인 그린피스가 참치 살리기 캠페인을 실시했다.
2009년	중국 원난 성 여행 상품이 우리나라 최초의 공정 여행 상품으로 소개되었다.
2012년	우리나라에서 동물 복지 축산 농장 인증제를 도입했다.

더 알아보기

행복중심생협 https://www.happycoop.or.kr/

1989년 창립 이후 생산자의 지속 가능한 생산을 보장하며 생태계를 보호하고 사회를 따뜻한 곳으로 만들기 위해 노력했다. 현재 친환경 농산물과 친환경 생활용품 등 1,700여 가지 다양한 제품을 공급하며 식품 안전을 위해서 농산물의 잔류 농약과 수산물의 방사성물질을 검사한다. 특히 국민들의 식량 주권을 지키기 위해 여성 농민들과 함께 토종 씨앗 지키기 운동을 펼치고 있다. 도시의 여성 소비자와 농촌의 여성 농민이 힘을 모아 대파, 오이, 감자, 콩, 팥, 수수 등 토종 작물을 기르고 그 씨앗을 받아 확산시키는 활동이다.

환경보건시민센터 https://eco-health.org/

1994년 4월에 결성한 대한민국 최대의 환경 단체다. 52개의 지역 조직이 있으며 세계 3대 환경보호 단체 중 하나인 '지구의 벗' 회원이다. 옥시 불매운동을 주도했으며 시멘트 공해와 학교 석면과 미세 먼지의 문제를 지속적으로 조사, 보고하는 동시에 기업 감시 운동과 유해 물질 추방 운동을 벌이고 있다. 환경보건시민센터의 꾸준한 노력으로 치명적인 발암물질인 석면의 철거 공사가 전국 학교에서 진행 중이다.

우리밀살리기운동본부 http://www.woorimil.or.kr/

전면적인 농산물 수입 개방으로 인해 농촌이 심각하게 붕괴되고 국민의 건강이 악화되는 상황에서 농민과 도시민이 힘을 합쳐 생명과 건강을 지켜내자는 운동을 벌이는 사단법인이다. 홈페이지의 우리 밀 지도에서는 우리 밀로 만든 빵집이나 국숫집을 비롯해 우리 밀을 판매하는 직영 매장이 어디에 있는지 찾아볼 수 있다. 또한 우리 밀 종자를 공급하거나 우리밀천연발효종빵교실을 개설하는 등 우리 밀의 활성화를 위해 노력하고 있다.

동물보호시민단체 카라 https://www.ekara.org/

식용 개 반대와 실험동물 반대, 농장 동물의 복지 증진, 오락 동물의 반대 등의 운동을 전개하고 있다. 그릇된 생명 경시 풍조로 인해 실험실과 농장에서 고통받는 동물들의 생명권을 지켜주고 그들의 소리를 대변해 주기 위해 노력하는 모임이다.

참고 도서

《윤리적 소비: 세상을 바꾸는 착한 거래》 　　　　　　박지희, 김유진

《사향고양이의 눈물을 마시다》 　　　　　　　　　　　　이형주

《착한 소비, 윤리적 소비》 　　　　　천경희, 홍연금, 윤명애, 송인숙

《동물해방》 　　　　　　　　　　　　　　　　　　　　피터 싱어

《나는 세계일주로 자본주의를 만났다》 　　　　　　　코너 우드먼

《나쁜 기업, 그들은 어떻게 돈을 벌고 있는가》 　　　클라우스 베르너

《소비자 보이콧》 　　　　　　　　　　　　　　　서정희, 전향란

《냉정한 이타주의자》 　　　　　　　　　　　　윌리엄 맥어스킬

《기후변화와 자본주의》 　　　　　　　　　　　　　조너선 닐

《몬스터 식품의 숨겨진 비밀》 　　　　　　　　　후나세 슌스케

《미래를 여는 소비》 　　　　　　　　　　　　안젤라 로이스턴

《어떻게 소비해야 모두가 행복할까?》 　　　　　　미셸 멀더

《생명공학 소비시대, 알 권리 선택할 권리》 　　　　　김훈기

《위험한 미래》 　　　　　　　　　　　　　　　　　　권영근

찾아보기

내인생의책 은 한 권의 책을 만들 때마다
우리 아이들이 나중에 자라 이 책이 '내 인생의 책'이라고 말할 수 있는 책을 만들고자 합니다.

세상에 대하여 우리가 더 잘 알아야 할 교양

㉟ 윤리적 소비, 윤리적 소비와 합리적 소비, 우리의 선택은?

위문숙 지음

초판 인쇄일 2018년 6월 1일 | 초판 발행일 2018년 6월 8일
펴낸이 조기룡 | 펴낸곳 내인생의책 | 등록번호 제10-2315호
주소 서울시 마포구 독막로 37
전화 (02) 335-0449, 335-0445(편집) | 팩스 (02) 6499-1165

ISBN 979-11-5723-399-1 (44300)
      978-89-97980-77-2 (세트)

이 도서의 국립중앙도서관 출판시도서목록(CIP)은 e-CIP 홈페이지(http://www.ml.go.kr/ecip)에서 이용하실 수 있습니다.
(CIP제어번호:2018016706)

내인생의책에서는 참신한 발상, 따뜻한 시선을 가진 원고를 기다리고 있습니다. 원고는 내인생의책
전자우편이나 홈카페를 이용해 보내 주세요. 여러분의 소중한 경험과 지식을 나누세요.

전자우편 bookinmylife@naver.com | 홈카페 http://cafe.naver.com/thebookinmylife

어린이제품안전특별법에 의한 제품 표시
제조자명 내인생의책 | **제조년월** 2018년 6월 | **제조국** 대한민국 | **사용연령** 5세 이상 어린이 제품
주소 및 연락처 서울시 마포구 독막로 37 (02) 335-0449 | **담당 편집자** 장인호

세더잘 54

4차 산업혁명 어떻게 변화되어야 할까?

위문숙 지음

4차 산업혁명은 인류를 더 편리하고 풍요롭게 만들 것이다
Vs. 4차 산업혁명은 빈부 격차와 계층 갈등을 심화시킬 것이다.

4차 산업혁명의 바람은 기존의 어떤 변화보다 더 빠르고, 더 넓은 영역에 걸쳐 불고 있습니다. 우리의 일상은 이로 인해 획기적으로 바뀔 것이며 인류는 이전에 결코 상상할 수 없었던 엄청난 편리와 풍요를 누릴 것입니다. 반면 4차 산업혁명의 도래로 인해 빈부 격차와 사회적 불평등이 심해질 것이라는 전망도 있습니다. 과연 인류가 함께 4차 산업혁명의 혜택을 누리려면 어떻게 해야 할까요?

세더잘 53

핵전쟁 어떻게 막아야 할까?

국기연 지음

북한의 위협 앞에서 남한도 핵무장을 할 필요가 있다.
Vs. 인류의 평화를 위협하는 핵무기는 반드시 폐기되어야 한다

최근 북한 핵무장 위협 때문에 남한도 핵무장이 필요하다는 주장이 제기되고 있습니다. 북한이 국제 사회의 반대를 무릅쓰며 핵무기를 개발하는 진짜 목적이 무엇인지, 북한의 핵 기술력은 어느 정도인지, 이를 규제하기 위한 노력에 대해 살펴봅니다. 과연 인류는 핵무기의 위협에서 벗어날 수 있을까요?

세더잘 52

가짜 뉴스 처벌만으로 해결이 될까?

금준경 지음

날로 큰 피해를 가져오는 가짜 뉴스, 반드시 처벌해야 한다.
Vs. 가짜 뉴스라고 무조건 처벌하면 표현의 자유를 해칠 수도 있다.

인류 역사의 시작부터 존재했다는 가짜 뉴스에는 어떤 것이 있을까요? 누가 만들며 어떤 목적으로 퍼뜨릴까요? 가짜 뉴스를 막기 위해 우리는 어떤 일을 해야 하고 또 하고 있을까요?

세더잘 51

동물원 좋은 동물원은 있을까?

전채은 지음

동물원은 동물을 위한 곳이다. 부작용은 받아들여야 한다.
Vs. 현재의 동물원은 인간의 이득을 위한 기관으로 변질되어 있다.

동물이 행복하지 못한데 그들을 바라보는 인간이 온전한 행복을 누릴 수 있을까? 동물원은 사람만의 공간이 아니다. 동물 종 보전과 동물 복지를 추구하는 기관이기도 하다. 과연 진정한 의미에서 '좋은 동물원' 이란 무엇일까?

세더잘 50
젠트리피케이션 무엇이 문제일까?
정원오 지음

저소득층에도 삶을 개선할 경제적 기회를 부여하며, 도시가 활성화된다.
Vs. 도시에 대한 권리 침해이며, 지역의 경제 및 문화 생태계를 파괴한다.

젠트리피케이션은 지역 경제를 좀먹고 삶의 질을 해친다고들 한다. 반면 소득 재분배에 긍정적인 효과를 주며 경제 활성화를 유도한다는 주장도 있다. 시대의 변화에 따라 변화를 보는 관점은 다양할 수밖에 없다. 우리는 우리가 사는 도시를 어떻게 바라봐야 할까?

세더잘 49
아프리카 원조 어떻게 해야 지속가능해질까?
위문숙 지음

아프리카 원조는 아프리카를 위한 것이다.
Vs. 현재의 원조는 강대국의 배만 불릴 뿐이다.

어려움에 처한 아프리카를 도와야 하는 것은 당연한 일입니다. 하지만 그 방법이 오히려 강대국의 부만 늘려주고 있다면 어떨까요? 천문학적인 금액이 투입되어도 3,000원의 치료제가 없어 죽어가는 아이들이 생기는 건 어째서일까요?

세더잘 48
인플레이션 양적 완화가 우리를 살릴까?
홍준희 지음

인플레이션 10% Vs. 세금 10%
어느 쪽이 우리에게 더 유리할까요?

돈을 더 찍어서 시중에 푸는 정책과 세금을 더 거두어들이는 정책. 사람들은 당연히 첫 번째 정책을 선택합니다. 하지만 돈을 더 찍어내면 그만큼 물가가 올라 거둘 수 있는 세금 역시 늘어나고 말지요. 그렇다면 세금을 더 거두는 정책이 좋은 정책일까요? 이 책은 양적 완화와 인플레이션을 중심으로 우리가 경제에 관해 알고 있던 상식을 다시 한 번 생각해 보게 합니다.

세더잘 47
저작권 카피라이트냐? 카피레프트냐?
김기태 지음

저작권은 반드시 법으로 보호해야 한다.
Vs. 일정한 요건을 갖춘 경우에는 저작권자의 허락이 없더라도
저작물을 이용할 수 있도록 해야 한다.

저작권의 역사와 종류, 저작권으로 보호받는 저작물은 어떤 것들인지, 저작권의 자유 이용을 허용하는 CCL, 어떻게 저작권을 이용해야 하는지 인터넷 세대인 아동청소년들이 꼭 알아야 할 저작권에 대한 모든 지식을 알려 줍니다.

세더잘 46
청소년 노동 정당하게 일할 권리 어떻게 찾을까?
홍준희 지음 | 하종강 감수

청소년 보호를 위해 청소년 노동을 제한해야 한다.
Vs. 청소년의 노동 권리를 인정하고 안전하게 일할 수 있는
노동 현장을 제공하는 데 노력해야 한다.

최근 100여 년간 인류의 식량 생산량은 꾸준히 늘어났지만 세계 곳곳에서 기아에 시달리는 사람은 여전히 넘쳐납니다. 이 책에서는 기아의 원인과 현실 그리고 기아 퇴치를 위한 갖가지 방법을 풍부한 사례와 함께 다루고 있습니다.

세더잘 45
플라스틱 오염 재활용이 해답일까?
제오프 나이트 지음 | 한진여 옮김 | 윤순진 감수

친환경 플라스틱과 재활용으로도 충분히 플라스틱 오염을 막을 수 있다.
Vs. 플라스틱 오염의 근본적 대책은 플라스틱 사용을 금지하는 것이다.

플라스틱 탄생의 역사에서부터 플라스틱 생성 원리, 플라스틱 오염을 막기 위한 현실적인 대안들에 이르기까지 플라스틱을 둘러싼 역사적, 과학적, 사회적 주제들을 빠짐없이 다루고 있습니다.

세더잘 44
글로벌 경제 나에게 좋은 걸까?
리처드 스필베리 글 | 한진여 옮김 | 강수돌 감수

글로벌 경제는 인류의 삶에 풍요를 가져왔다.
Vs. 글로벌 경제는 빈부 격차를 확대하고 환경을 파괴할 뿐이다.

글로벌 경제란 국가 간 무역량이 늘어나면서 나라와 나라 사이의 경제 활동이 더 자유로워지고 상호 의존도가 높아지는 경제를 말합니다. 글로벌 경제는 그동안 인류의 삶을 풍요롭게 하는 데 큰 역할을 했지만 한편으로는 환경 파괴나 노동 소외 등의 문제를 불러 일으켰습니다. 과연 글로벌 경제는 나의 삶에 좋은 것일까요?

세더잘 43
제노사이드 집단 학살은 왜 반복될까?
마크 프리드먼 글 | 한진여 옮김 | 홍순권 감수

제노사이드는 정치 권력자의 범죄이므로 이들을 확실하게 처벌하면 재발을 막을 수 있다
Vs. 제노사이드는 국제사회(UN)와 개인들이 힘을 모아야 근절시킬 수 있다

인류 역사에는 한 민족이 다른 민족을 집단으로 학살하는 비극이 지속적으로 발생해 왔습니다. 아르메니아 대학살부터 아우슈비츠 학살까지 역사는 되풀이됩니다. 과연 제노사이드는 어떻게 막을 수 있을까요? 주동자를 처벌하면 될까요? 국제 사회의 노력이 필요할까요?

세더잘 42

다문화 우리는 단일민족일까?

박기현 글 | 변종임 감수

우리는 단일민족이기 때문에 다문화 사회로의 전환이 원칙적으로 어렵다
Vs. 우리는 원래 다문화 사회였기 때문에 행복한 다문화 사회를 만들 수 있다

최근 한국 사회에도 다문화 가정이 많이 늘어나는 추세입니다. 하지만 여전히 다른 인종과 다른 민족에 대한
편견과 차별이 존재하고 있는 것이 현실이지요? 과연 한국은 다문화 사회로의 성공적인 전환이 가능할까요?

세더잘 41

빅데이터 빅브러더가 아닐까?

질리 헌트 글 | 이현정 옮김 | 최진 감수

빅데이터는 새 시대를 열어 줄 신기술이므로 적극적으로 활용할 제도를 구축해야 한다.
Vs. 개인 정보 유출 등의 빅브러더 문제를 막으려면 데이터 활용을 적절히 규제해야 한다.

식품 산업에서부터 스포츠 경기에 이르기까지 빅데이터 기술을 활용한 시장 분석은 인류 생활에 큰 변화를
가져왔지요. 그런데 정보를 수집하는 빅데이터 기술의 특성상 개인 정보의 침해라는 인권 문제도 함께 제기
되고 있어요. 과연 신기술은 어디까지 허용되야 할까요?

세더잘 40

산업형 농업 식량 문제의 해결책이 될까?

김종덕 글

산업형 농업은 인류의 식량난을 해결할 획기적이고 효율적인 농업 방식이다.
Vs. 환경 오염이 심해지고 우리의 건강이 위협받고 있어 다른 대안을 찾을 때다.

인구 증가가 가속화되면서 인류는 식량 문제에 직면했고, 그 해결책으로 마치 공장에서 찍어내듯 대량으로
농작물을 경작하는 산업형 농업이 등장했습니다. 산업형 농업은 인류의 굶주림을 어느 정도 해결해 주었지
만, 환경오염이라는 다른 문제점을 낳았습니다. 과연 인류는 산업형 농업 외에 다른 대안을 찾아야 할까요?

세더잘 39

기아 왜 멈출 수 없을까?

앤드루 랭글리 글 | 이지민 옮김 | 마이클 마스트란드리 · 김종덕 감수

식량 생산량 증가를 통해 기아 문제를 해결할 수 있다.
Vs. 부패한 정치와 거대 자본에 휘둘리지 않는 공정한 분배를 실현해야 한다.

지금도 세계 도처에서는 8억 명이 넘는 사람들이 하루하루 끼니를 근심하며 살아가고 있습니다. 기아는
인간의 존엄을 뒤흔드는 심각한 문제입니다. 가난과 함께 대물림된다는 점에서 더욱 큰 문제이지요. 우
리가 어느 누구도 굶어 죽는 일 없는 미래를 찾아 낼 수 있을까요? 어떻게 하면 기아가 기아를 부르는 악
순환을 끊을 수 있을까요?